Newyork

김의환의 뉴욕에서 600일

저자 김의환

디프넷

이 책을 쓰게 된 이유

코로나로 심각한 타격을 받았던 뉴욕은 다시 코로나 이전의 활력을 찾고 있다. 팬더믹으로 깊은 신음속에 있었지만 뉴욕은 결코 뉴욕다움을 잃지 않았다. 완전한 회복에는 시간이 걸리겠지만 뉴욕은 여전히 사람들이 몰려온다.

단순한 관광객도 있지만 자신의 꿈과 이상을 실현하기 위해 오는 사람들도 많다. 뉴욕은 항시 그런 사람들로 넘친다. 월스트리트와 뉴욕의 패셔너블한 거리들은 세계 최고수준의 명품과 천문학적 금액의 집들로 가득하다. 엄청난 부와 돈으로 넘쳐난다. 사람들은 뉴욕의 부와 뉴욕이 창조하는 도전과 가능성을 찾아 모여든다. 도대체 어떻게 해서 뉴욕은 끊임없이 사람들을 불러 모으고 멈추지 않고 새로운 변화를 창조해 내고 있을까? 무엇이 뉴욕을 자석처럼 사람과 돈을 빨아들이게 할까?

이 책은 단순히 뉴욕의 이모저모를 설명하기 위해 쓴 것이 아니다. 뉴욕이 어떻게 해서 세계에서 가장 매력적인 도시가 될 수 있었는가 하는 문제의식을 공유하고자 쓴 글이다. 생각의 근육을 키우고 강화시켜서 우리도 뉴욕 같은 매력 넘치고 창조적인 도시를 만들어 보자는 의도에서 출발하였다. 생각의 방향과 내용이 모든 것을 결정한다. 실용적이고 창의적인 생각들이 이 책을 통해 더욱 활발해졌으면 하는 바람을 가져본다.

생각보다 코로나의 충격이 오래가는 바람에 이 책의 출판도 늦어졌다. 코로나로 인해 뉴욕의 부정적인 측면이 부각된 것도 사실이다. 그러나 뉴욕은 비극을 딛고 새롭게 진화, 발전하는 도시이다. 그것이 뉴욕의 진면목이고 이 책을 쓰게 된 이유이기도 하다.

이 글의 구성

크게 4부로 구성되어 있다. 제1부는 이 책의 가장 핵심적인 내용으로서 뉴욕의 다양한 측면을 저자의 관찰과 생각 형태로 정리하였다. 저자가 직접 가 보았던 뉴욕의 수많은 곳 중에서 뉴욕이 지닌 경쟁력, 매력의 본질에 관한 내용을 모은 글이다. 한마디로 '뉴욕다움'을 공유하기 위한 글이라고 이해하면 좋겠다. 독자들의 이해를 돕기 위해 사진도 첨부하였다. 코로나로 인해 불과 1년 전의 뉴욕 모습을 지금은 찾기 어렵지만 오히려 이 글을 통해 정상적인(normal) 뉴욕을 다시금 모두가 느낄 수 있었으면 하는 바람을 담았다.

2부는 뉴욕에서 생활하며 보고 느낀 여러 사건, 주제, 뉴스에 대한 생각을 모은 글이다. 저자가 "뉴욕단상"이라는 제목으로 한국의 지인들에게 보낸 글을 묶어서 정리했다. 일종의 짧은 글로벌 시론이다. 뉴욕에서 바라본 한국, 중국, 일본 그리고 미국과 관련한 생각의 재료이다.

3부는 필자가 뉴욕 UNDP 본부에서 근무하는 동안 수행했던 10여회 해외 미션(출장)을 포함한 유엔 근무 소감과 이야기를 모았다. 일종의 개도국 방문 기록이며 UN근무에 대한 경험을 공유하기 위한 글이다. UN에 대한 상세한 이야기는 곧 출판될 "UN에 취업하기"에 상세하게 담을 생각이다.

마지막 4부는 뉴욕 유엔 근무를 마친 후 한국에 들어와서 썼다. 서울이 지금보다도 더욱 매력 있는 도시가 되기를 바라는 염원에서 정책적 제안을 담았다. "서울 재디자인"이라는 일종의 프로젝트 제안이며 서울의 장점을 부각시킬 수 있는 역발상을 시도한 글이다.

이 책은 대한민국의 번영 덕분에 씌어졌다. 유엔 원조를 받던 세계 최빈국 대한민국이 유엔 195개 회원국 중에서 10위권의 유엔 분담금 기여국으로서 우뚝 서게 되었고 한국에 대한 관심은 그 어느 때 보다 높아졌다. 세계 10위권의 경제 대국으로 성장했고 부패방지 분야에서도 한국은 국제사회에서 주목받는 위치가 되었다. 그로인해 UNDP 반부패 선임자문관으로서 뉴욕에서 근무할 수 있었다. 뉴욕에서 생활해 보지 못했다면 대부분의 사람처럼 나 역시 뉴욕을 단지 복잡하고 무서운 도시로 여겼을 것이다. 유엔 근무는 내가 이 책을 쓰게 만든 계기를 마련해 주었다.

UN에서 근무할 수 있게 해준 자랑스런 조국 대한민국에 감사한다.

이 책이 나오기까지 많은 분들의 도움을 받았다. 금년 3월 출간했던 '멍 상사 유 상사'에 이어 이번에도 훌륭한 캘리그래피로 책을 빛 내준 후배 김의승 서울시 실장에게 감사드린다. 나의 분신이라 할 수 있는 22년차 전문가 모임인 포럼 가족들의 관심과 도움에 깊이 감사드린다. 시니어 한국화 화가이신 이민주 화백님은 "뉴욕에서 600일"을 작품으로 만들어 주었다. 이기정 YTN 국장은 뛰어난 홍보 감각으로 책의 소목차를 눈에 띄게 바꾸어 주었으며, 조규락 영남대 교육학과 교수는 맞춤법과 표현을 수정해 주었다. 마지막으로, 완성도 높은 책이 만들어질 수 있도록 애써준 출판사 이성환 대표와 특히 이윤진 디자이너에게 감사의 말을 전하고 싶다.

모두 진심으로 감사드린다. 그러나 앞에서 언급 했듯이 이 책이 나오게 된 가장 큰 이유는 대한민국이다.

2021. 11월

저자

김의환의 뉴욕에서 600일

NewYork

차 례

NewYork

Chapter 2.

Chapter 3.

뉴욕 인사이드, 유엔 이야기 / 199

NewYork

Chapter 4.

New York full of people,
New York full of money.

들어가는 글

이 글은 뉴욕을 설명한 글이 아니다.
뉴욕에 대한 생각을 담은 글이다.

뉴욕에서 사는 동안 한국과 서울을 떠올리며 썼던 글이다. 코로나로 전 세계가 신음하고 있다.[1] 사람들을 자석처럼 끌어당기던 뉴욕도 코로나 이전의 모습을 회복하려면 시간이 필요하다. 이 맘 때 뉴욕은 크리스마스 분위기로 들뜨기 시작한다. 수많은 카페와 식당, 바에는 캐럴이 울려 퍼진다. 거리 곳곳은 형형색색의 크리스마스트리들로 밝혀진다. 밝고 화려한 뉴욕 거리는 사람들을 신나게 만든다. 우울함보다는 즐거움을 주는 도시 뉴욕, 크리스마스가 다가오면 더욱 생각나는 뉴욕, 그래서 뉴욕이 더 그립다. 그 뜨거움과 활발함이 그립다.

뉴욕과 서울을 평면적으로만 비교한다면 뉴욕이 서울보다 확실하게 우위에 있는 것은 문화, 예술뿐이라는 견해도 있다. 뉴욕은 돈이 없으면 거주지로는 최악이라는 비판도 있다. 교통, 치안, 물가 및 주택 월세 등 삶의 여건을 종합적으로 고려하면 그렇게 볼 수도 있을 것이다. 그럼에도 불구하고 어째서 뉴욕은 사람들이 몰려올까? 무엇이 전 세계 사람들을 뉴욕으로 끌어당기고 있을까? 뼐만 가득한 늪

1) 이 글을 쓰고 있는 동안 뉴욕은 77년 만에 통행 금지령이 발령되었다. 뉴욕은 코로나-19 발생 이전과 이후로 나뉜다. 공간적으로는 같은 뉴욕이지만 모든 것이 너무나 달라졌기 때문이다. 이 글은 코로나 이전의 뉴욕에 대한 글이다.

지대였던 맨해튼이 어떻게 세계 최고의 도시로 변모하게 되었을까?

그 이유가 궁금하였다.

뉴욕은 웅장하고 화려한 왕궁도, 고색창연하고 그림 같은 중세의 성도 없다. 사방 몇 km를 담으로 쌓으며, 위용을 자랑하는 대저택도 없다. 어퍼이스트[2)]의 몇 십 억 원 아파트도 노숙자, 실업자들이 걸어 다니는 길거리에 있다. 파리처럼 한적하게 거리 바라보면서 커피 한잔하고 싶은 야외 카페도 별로 없고 강을 사이에 두고 유유히 거닐 수 있는 강둑길도 없다. 맨해튼은 아름다운 도시가 아니라 오히려 지저분한 도시에 가깝다. 그런데도 뉴욕은 늘 사람들로 붐빈다. 전 세계에서 사람들이 몰려온다. 왜 그럴까?

뉴욕을 찾는 사람들은 뉴욕의 외관을 보러 오는 게 아니다. **단순한 관광보다는 시야를 넓히고 생각을 키우려고 뉴욕으로 오는 사람들이 많다.** 런던, 파리, 로마, 모스크바, 베이징이 과거의 영광을 상징하는 도시들이라면 뉴욕은 현재와 미래를 의미한다. 뉴욕이 오랜 역사를 지닌 도시들과 다른 이유는 뉴욕은 지금도 만들어지고 있는 도시이기 때문이다. 역사와 유물을 보존하기 위해 멈추어진 도시가 아니라 지금 이 순간에도 끊임없이 새로운 역사를 만들어가고 있는 도시다. 그것이 뉴욕과 다른 도시들과 가장 큰 차이라 할 수 있다. 현재는 물론 미래에 펼쳐질 우리 삶의 모습을 보러 뉴욕으로 오는 사람들이 많다.

---

2) 어퍼이스트사이드 (때로는 UES라고도함)는 뉴욕시 맨해튼 자치구에 있는 동네로 북쪽으로는 96 번가, 동쪽으로는 이스트강, 남쪽으로는 59 번가, 센트럴파크 / 5 번가로 둘러 싸여있다. 이지역은 Lenox Hill, Carnegie Hill 및 Yorkville을 포함하여 여러 작은 지역을 통합한다. 한때 실크스타킹 지구로 알려졌지만 뉴욕시에서 가장 부유한 지역 중 하나였다. - 출처 위키피디아 -

또 다른 이유는 뉴욕이 가진 **문화, 예술**의 힘이다.

"20년 넘게 한 극장에서 같은 뮤지컬이 공연되고 몇 시간을 서서 봐도 다 못 보는 어마어마한 양의 세계 명화가 한 곳에 모여 있고, 신문 비즈니스 면보다 아트와 스타일 면이 더 두꺼울 수 있다는 사실에 두려워진다. 그것이 맨해튼 뉴욕의 힘이다."[3]

"자기가 사는 공원은 안 가 봐도 센트럴파크는 곡 가봐야 한다고 생각한다. 양재동 시민의 숲은 그냥 시민들이 와서 쉬는 공원이지만 Central Park는 입장료가 없어도 전 세계 관광객들이 자기 돈 들여 보러오는 상품이다."[4]뉴욕이라는 공간에서는 공원과 같은 평범한 것들조차도 특별한 존재로 느껴진다.

뉴욕 거리를 걷다 보면 많은 생각에 잠기게 된다.

여기에 어떻게 이런 **공원**이 있을 수 있을까(이 비싼 금싸라기 땅에)? 저녁에 건물과 거리를 밝히는 **조명**은 어떻게 이렇게 밝고[5] 아름다울 수 있을까?

시내 한복판에 있는 가장 웅장한 건물들은 대부분 기차역, 도서관, 박물관, 미술관, 우체국들과 같이 일반인들이 이용할 수 있는 공공건물들이다.

---

3) 딜리셔스 샌드위치, 유병률 2008.6 웅진윙스
4) 위 같은 책
5) 뉴욕은 24시간 조명을 켜게 하는 규정이 있다. 그것이 뉴욕을 뉴욕답게 만든다.

맨해튼 5가에 위치한 뉴욕 시립도서관

가장 좋은 위치에 시민들을 위한 공공건물들이 들어서 있음으로써 뉴욕은 돈 있는 사람만을 위한 도시라는 선입견을 거부한다.[6)]세계 최고 부자와 돈이 넘치는 뉴욕이지만 뉴욕은 부자들만을 위한 도시가 아니다. 24시간 뉴욕을 누비고 다니는 지하철은 저소득 이민자들의 새벽 출퇴근을 가능케 한다. 맨해튼 곳곳을 다녀보면 서민들을 위한 배려와 시설들이 많이 있음을 목격할 수 있다. 공원, 공공 도서관은 맨해튼 어디에서든지 10분이면 도착한다. 벤치들이 길거리 어디에나 쉽게 눈에 띈다. 브로드웨이 950m구간에 벤치 수는 170개다. 비슷한 거리의 서울 강남대로에 있는 벤치 수는 3개다.[7)] 그래서 뉴욕에는 노숙자들이 넘친다. 노숙자들을 위한 시설이 많다.

뉴욕 지하철역은 한겨울에 지하철 입구의 셔터를 내리지 않는다. 셔터 같은 최신 시설이 없다. 24시간 오픈하기 때문이다. 뉴욕은 폐쇄보다는 오픈이 어울리는 도시이기도 하다. 부자들과 노숙자, 결코 어울리는 조합은 아니지만 뉴욕에서 그들은 같은 거리에서 생활하고 있다.

---

6) 맨해튼의 뉴욕 시립도서관에서 나는 생각했다. 우리 서울은 이런 도서관을 언제 가질 수 있을까 하고, 그 건축이며 책이며 담론이며 전시를 보면서 책의 문화를 국가 사회의 한가운데에 놓는 미국은 역시 미국이라는 생각을 하게 된다. 김언호 세계 서점기행 2020. 한길사
7) 엄밀히 말하면 벤치가 아니라 버스정류장에 설치된 간이 의자들이다.

뉴욕은 일자리로 넘친다.

뉴욕 자체가 좋아서 오는 사람들도 많겠지만 다른 한편으로는 뉴욕이 쏟아내는 수많은 일자리가 사람들을 불러 모은다.

뉴욕시의 식당, 바, 카페, 공연장, 호텔들은 수많은 일자리를 제공한다. 그것들은 모두 무명 예술인들의 삶을 지탱해 주는 생계유지의 터전이 된다. 그래서 뉴욕은 최고 수준의 문화 예술이 계속해서 유지될 수 있다. 공연 준비를 위해 땀을 흘리다가 인근 레스토랑에서 서빙을 하며 생계를 유지한다. 레스토랑에서의 아르바이트 수입으로도 어느 정도 생활이 된다는 얘기다. 서비스업이 가장 발달한 뉴욕의 일자리 생태계가 바로 문화 예술인들을 위한 가장 든든한 후원자인 것이다. 일자리는 반도체, 구글 등 첨단 기업에서는 많이 생기지 않는다. 수많은 일자리는 서비스업에서 생겨난다. 뉴욕시가 이를 증명하고 있다.

치열한 경쟁, 화려함, 분주함만으로 숨이 막힐 듯 보이지만 뉴욕의 속살은 그렇게 삭막하지 않다.

맨해튼 곳곳을 걸어 다녀보면 의외로 빈 공간이 많음을 알 수 있다. 오히려 여백과도 같은 비어 있는 여유를 느낄 수 있는 곳이 맨해튼이다. 세계 금융 중심지인 월스트리트에 공동묘지가 있는 도시가 뉴욕이다. **트리니티 묘지**이다.[8)]

---

8) 미국 건국 아버지 중 한 명인 알렉산더 해밀튼이 묻혀 있다.

오늘의 뉴욕은 화려하고 찬란하다. 그러나 화려함으로만 뉴욕을 설명할 수 없다.

성취와 번영이라는 단어가 뉴욕에 어울리지만 고통과 인내, 극복의 역사를 지닌 도시가 뉴욕이기도 하다. 그래서 뉴욕은 위대한 도시인 것이다. 19세기 말, 거의 매년 10,000 여명 가까운 뉴욕 사람들이 전염병과 각종 질병, 사고로 죽었다. 그러나 그들은 그런 참혹함과 고통을 세상에 대한 원한과 증오로 삼지 않고 더 큰 희망과 번영을 위한 희생이라고 생각하였다. 그래서 뉴욕은 위대하다. 자신들의 선조와 그 선조들이 쌓아온 것을 바탕으로 끊임없이 연구하고 도전하며 한계를 극복하고 좀 더 나은 것들을 창조해 왔다. 그래서 도시의 역사는 채 300년[9]이 안 되지만 겹겹이 쌓여있는 땀과 노력의 흔적으로 뉴욕은 연륜이 짧은 도시라는 느낌을 주지 않는다.

최고는 계속해서 최고들을 불러 모으고 그 최고들은 변함없이 세계가 놀라는 창의적인 결과물들을 내어 놓는다. 과거가 현재로 연결되고 현재는 더 나은 미래를 창조해 가는 도시가 뉴욕이다. 어디에나 있는 좌절과 불만, 현실에 대한 우려조차도 뉴욕에서는 다르게 느껴진다. 더 나은 미래를 위해 겪어야 하는 현재의 아픔쯤으로 받아들여진다. 뉴욕의 공기는 음울하기보다는 뜨겁고 뉴욕의 색은 침침하기보다는 눈부시기 때문이다. 한 종류의 인간들만이 모여 사는 공간과 수백 종류의 인종이 모여서 서로 뒤 섞여 가며 살아가는 공간은 분명히 차원이 다르다. 서울, 동경, 베이징이 한 종류의 사람들이 사는 1차원의 평면적인 삶이라면 3차원의 입체적 삶이 뉴욕이 아닐까 싶다.

---

9) 맨해튼은 1653년 city가 되었다. 1825년 이리 운하 개통으로 급속도로 발전하게 된다. 1898년 뉴욕 5개 자치구중 1개가 된다.

생각의 크기와 내용 그리고 방향이 결국 한 사회의 수준과 우열을 결정짓는다. 끊임없이 도전하고 창조하는 사람들이 많은 사회는 늘 새로움으로 변화한다. 누가 시켜서 하는 변화, 발전이 아니라 뉴욕이라는 공간에서 뿜어져 나오는 열정, 노력의 결과이다. 그래서 뉴요커들이 뉴욕에 대해 갖는 자부심은 허세나 과시용 쇼비니즘이 아니라 **스스로를 최고라고 인식하는 당당함**에서 비롯된다. 뉴욕은 실제로 최고의 도시이기도 하다. 그 세계 최고라는 자부심과 프라이드를 지키기 위해 뉴요커들은 더 노력하고 그래서 뉴욕은 계속 발전한다.

사람을 걷고 싶게 만드는 도시, 뉴욕.

뉴욕의 걸을 수 있는 곳은 다 걸어 다녔다. 낮이고 밤이고 몇 번씩… 근무지인 유엔본부가 있는 45가에서 52가 모마와 83가 메트로폴리탄 뮤지엄, 링컨센터[10)]는 가장 많이 걸어 다녔던 곳들이다. 뉴욕을 걸으면 기분이 밝아진다. 삶이 즐겁다는 느낌이 든다. 전혀 모르는 사람들이 스쳐 가지만 모두들 표정이 밝다. 괜히 나도 밝아진다. 세계 웬만한 곳은 다 가보았지만 도시가, 길거리가 이렇게 사람을 흥분시키고 에너지를 불러일으키는 곳은 보지 못했다. 그 이유를 함께 나누고 싶어 이 글을 쓰게 되었다. 또한 UN 근무[11)]를 하며 체험했던 얘기들도 덧붙였다. 모두 뉴욕에 있을 때의 일들이다.

짧았지만 치열했던 시간들, 길지 않았던 1년 7개월이었으나 뉴욕의 찬란함 속에서도 서울을 늘 떠올렸었다. 서울이 뉴욕과 같은 매력을 지닌 도시가 되기 위해서는 무엇이 필요할 것인가가 뇌리를 떠

---

10) 웨스트62가와 브로드웨이, 컬럼비아 애비뉴가 만나는 곳에 위치하고 있음
11) 맨해튼 이스트 45가 304번지에 위치한 UNDP 본부에서 근무했다.

나지 않았다. 뉴욕 곳곳을 걸으며 뉴욕을 보고 느끼면서 늘 서울을 생각했다. 아름다움과 편리함, 실용과 창조가 어우러진 도시 뉴욕!

우리 서울이 뉴욕과 같은 매력 넘치는 도시가 될 수 있기를 염원하면서 걷고 또 걸으며 써 내려간 뉴욕에서 600일 이다.[12)]

12) 이 글은 2017.10부터 2019년 5월 사이에 뉴욕 UNDP 본부 근무기간 중에 썼던 글들을 모은 것이다. 따라서 이 글속의 시점들은 모두 저자가 뉴욕에 있었던 기간 동안 임을 밝혀둔다.

Chapter 1.
왜 뉴욕인가?

STATEN
ISLAND
(스테튼 아일랜드)
Raritan Bay

뉴욕은 5개의 구(boroughs)로 구성되어있다.

2페이지로 정리한 뉴욕 역사

뉴요커라는 말이 사용된 것은 1787년 미국 헌법 제정을 기념하기 위해 뉴욕에 수백 명의 시민들이 모인 것에서 유래한다고 한다.[13)]

1897년 미국 제1의 도시인 뉴욕과 제4의 도시인 브루클린이 마침내 합병하게 된다. 그해 브루클린 브리지가 준공되었다.[14)] 브루클린과 뉴욕은 서로 최대 라이벌이었다. 이와 함께 퀸즈, 브롱스, 스테이튼 아일랜드가 모두 뉴욕으로 편입되고 마침내 뉴욕은 런던을 제치고 세계 최대 도시로 자리매김한다.

20세기 초에도 뉴욕은 비공식적인 미국의 수도(unofficial capital of the USA)였다. 자본주의 핵심인 금융을 통해 수많은 소상공인들과 거대 재벌의 본거지였으며 권력의 본산이기도 했다.[15)] 또한 미국뿐 아니라 국제적으로 이미 널리 알려진 유명한 도시였다. 뉴욕의 주요 애브뉴(거리)들과 광장은 각양각색의 이민자만큼이나 다양하면서도 뉴욕만이 지닌 세계 최고 수준의 독자적 특성을 갖추어 간다. 자본주의의 본산이라 할 수 있는 월스트리트가 있는가 하면 정치적 이념이 월스트리트와는 정반대인 급진 진보적 성향의 지역도 곳곳에 자리한다. 한 마디로 다양성과 공존, 그리고 현대적 의미의 융합이 120년 전부터 시작된 것이다.

---

13) 뉴욕은 1789년에서 1790년까지 미국의 수도 였다. 조지 워싱턴도 뉴욕에서 취임했다.
14) 브루클린 브리지와 함께 뉴욕의 양대 다리인 조지 워싱턴 브리지는1927년 준공
15) 최대 선거인단 보유, 테어도어 루즈벨트 대통령도 뉴요커

월스트리트(파이낸스), 메디슨 애브뉴(광고), 타임스퀘어(엔터테인먼트), 5번가 FIFTH AVENUE (상류층 거주지와 고급 백화점), GREENWICH VILLAGE (문화적 급진파), UNION SQUARE (정치경제적 급진주의), BROADWAY (극장과 영화), CONEY ISLAND (놀이공원), ELLIS ISLAND (이민),THE BOWERY(빈곤)

1600년부터 약 200여 년 간의 지속적인 매립으로 오늘날 맨해튼의 모습이 만들어진다. 1811년 뉴욕 도시계획으로 1가부터 263가까지의 도로가 계획되고 격자형으로 도로가 건설된다. 1860년대가 되어서야 40가까지 올라오게 되었다.[16)]

황량한 강 한복판에 뻘과 모래톱에 불과하던 맨해튼, 네델란드 인이 소유하고 있었던 그 맨해튼을 단돈 50$에 구입한 미국, 창조의 나라 미국이다.

16) 뉴욕의 역사, 나무위키

뉴욕 Big 4
-끝없는 매력-

모마(MoMa 뉴욕 현대미술관), 링컨 센터, 메트로폴리탄(메트) 뮤지엄 그리고 센트럴 팍, 나의 베스트 프렌드들이다. 뉴욕 와서 9개월 동안 모마 열 다섯 번, 링컨 센터 아홉 번, 메트 일곱 번, 센트럴 팍은 수도 없이 갔었다. 스무 번은 갔던 것 같다. 오늘 점심시간에 메트를 다시 갔다. 메트는 86가에서 지하철 내려서 가야하기 때문에 제일 멀다. 워낙 방대해서 백 번 정도는 가야 구석구석 볼 수 있을 것이다. 오늘은 미국 19세기 회화를 집중적으로 보고 잠시 내가 가장 좋아하는 Modern and Contemporary(현대와 추상)를 다시 보았다. 실용주의 미국답게 그림에서도 있는 그대로의 아름다움이 가득하다. 당당함과 솔직함 나는 그것을 미국인들의 특질이라 부른다.

센트럴 팍

링컨센터의 야경

메트로폴리탄 뮤지엄(메트) 내부와 전관

모마(현대미술관) 내부 모습과 모마보다 더 인기 있는 모마 기념품 샵

뉴욕은 왜
사람들이 모여들까?

경찰차, 소방차의 시도 때도 없는 사이렌 소리, 노숙자, 지린내 나는 뒷골목, 살인 사건과 총기 사고 등 어두운 모습도 많은 도시임에도 뉴욕이 사람들을 모으게 하는 힘은 어디에서 나오는 것일까?

아름다운 야경이 주는 즐거움

뉴욕의 밤은 밝다. 때로는 눈부시기까지 하다. 아름다운 야경은 사람들을 즐겁게 만든다. 여기저기 거닐게 한다. 어두운 거리는 사람들이 다닐 수 없기 때문이다. 서울시청 앞 광장은 어둡다. 집회나 시위 목적 이외의 사람들이 모이기 어렵다.

커피하우스도 제 각각의 뉴욕다움이 있다

뉴욕은 수 천 개가 넘는 식당과 바, 커피숍들로 만원이다. 맨해튼 전체가 커피하우스다. 맨해튼 곳곳에 유명하고 오래된 식당이 있고 트렌디한 커피하우스가 가득하다. 스타벅스 같은 프렌차이즈도 많지만 개별적 취향을 지닌 커피하우스들도 즐비하다.

획일적이지 않은 자유로움이 뉴욕의 특징이라 할 수 있다. 53가의 콜롬비아 커피 전문점 후안 발데즈가 대표적이다. 뉴욕은 커피 향으로 가득하다.

걷기 편한 도시

엄청난 고층 건물들이 하늘을 찌르고 있지만 뉴욕의 도로는 의외로 아담하다.[17] 거리는 차들로 넘치지만 뉴욕은 기본적으로 사람 우선이다. 보행자 중심이다. 사람이 걸어 다니는 인도가 넓다. 세계 최대 도시이지만 뉴욕은 걷기가 편한 도시이다.

불법이 없어 쾌적한 뉴욕의 인도

인도에 오토바이, 자전거가 다닐 수 없다. 걷기가 편하니까 유동인구가 많아지고 자연스럽게 거리에는 이런 저런 가게와 식당들이 많아진다. 인도를 점거한 불법 포장마차도 없고 인도에 불법주차하는 차량이 없다. 엄청난 벌금 부과와 함께 즉시 견인해 가기 때문이다. 인도는 말 그대로 사람의 길이다. 거리를 걷는 사람과 가게를 찾아오는 사람으로 뉴욕의 거리는 붐빈다. 그래서 도시는 항상 사람과 함께 역동적으로 움직인다.

도로보다 오히려 다 넓은 인도를 지닌 맨해튼 거리, 사람만 다니는 인도

17) 맨해튼 거리(street)들은 대부분이 일방통행(one way)이고 보통 2차선이다. 4차선 이상인 큰 도로는 많지 않다. 대표적 거리인 34가, 42가 등을 제외하면 도로 폭이 서울보다 좁다.

주차장 줄여도 북적이는 레스토랑들

미국은 자동차의 나라다. 중소도시에서는 생수 한 병 사려고 해도 차를 타고 상가들이 모여 있는 몰에 가야 한다. 뉴욕은 차를 가지고 있으면 오히려 불편하다. 상가와 식당들은 대부분 주차장이 없다. 사람, 건물로 만원인 뉴욕에 자동차까지 머무를 공간은 없다.

뉴욕 경찰서에서 주차장 확대 민원이 제기되었다. 주차장 규모를 아무리 늘려도 주차 민원은 계속 제기되었다. 결국 주차장을 폐쇄해 버렸다. 더 이상 민원은 제기되지 않았다.

강력한 법의 지배로 안전한 뉴욕[18)]

획일적이지 않은 사회는 여유가 있다. 개성과 다양성이 넘친다. 그러나 획일적인 적용이 필요한 것도 있다. 바로 법의 지배, rule of law이다. 뉴욕은 복잡하지만 모두가 법을 지키기 때문에 중소도시만큼 편안하다. 안전하다. 좀 더 정확하게 말하면 안 지키면 거의 죽음이기 때문이다.

18) 세계에서 가장 살기 좋은 도시 통계를 내는 미서에 따르면 뉴욕을 100점으로 두고 다른 도시들을 뉴욕을 기준으로 통계를 낸다. 2019년 기준으로 뉴욕은 세계에서 44위 미국 내에서는 4위를 차지했다. 안전측면에서도 뉴욕은 2001.9.11. 테러이후 강화된 치안정책 덕분에 일부 우범 지역을 제외하면 미국 대도시 중에서 치안수준이 높은 가장 안전한 도시다. 2020. 나무위키 뉴욕시

뉴욕, 왜 아름다울까?

맨해튼을 걷다 보면 생각들이 늘 뇌리를 맴 돈다. 고층 빌딩로 가득한 거리도 아름답게 느껴진다. 왜 그럴까? 맨해튼 거리는 왜 걷고 싶을까? 서울과 다른 점은 무엇일까?

나는 그 이유를 '뉴욕다움'에서 찾았다.

우울하고 지쳤을 때 하이라인을 걷거나 59가 콜롬버스 서클, 66가 링컨센터, 14가 유니언스퀘어, 배터리파크, 브루클린 브리지, 5가 워싱턴 스퀘어, 첼시, 어퍼이스트, 뮤지엄 스트리트, 갤러리가 많은 오처드 스트리트, 럭셔리와 부티크 가게가 즐비한 소호…. 그 어디를 거닐어도 괜히 들뜨고 즐겁다. 거리는 사람을 오게 만들고 사람들은 그 거리를 계속 찾아간다. 그래서 뉴욕은 24시간 365일 활력을 잃지 않는다.

뉴욕이 아름다운 첫 번째 이유는

눈을 피곤하게 하고 거리 풍경을 지저분하게 만드는 간판들이 없다. 간판이 전혀 없는 것은 아니지만 작고 특징적이다(사진SOHO). 작고 아름다운 뉴욕의 간판들에 비해 중국, 소련을 비롯한 공산국가의 간판들은 매우 위압적이고 거대하다. 구소련의 지배를 받은 동유럽, 중앙아시아 국가들도 비슷하다. 북한을 정점으로 중국, 러시아는 거대한 선전문구들이 건물 옥상을 차지하고 있다. 대부분 붉은색이다. 자본주의 경제를 흉내내고 있는 중국은 건물 전체가 시뻘건 글자들로 도배 되어있다. 뉴욕에서도 중국인 거주 지역은 예외가 없다. 로우어(lower) 맨해튼 차이나타운과 플러싱[19] 차이나타운은 간판이라기보다 선전구호 같다. 건물 외벽은 물론 유리창, 출입문 등 공간이 있으면 다 글자로 채운다. 간판인지 선전인지 구분도 없다. 온통 빈틈없이 채운다. 빈 공간이 있으면 불안한 일종의 강박증이 있는 사람들처럼 보인다.

접이식 간판을 설치한 맨해튼 SOHO가게 모습(위)과 플러싱의 중국인 거리 간판(아래)

---

19) 7 트레인 종점인 플러싱 메인스트리트 좌우로 중국 상점들이 빽빽하게 들어차 있다. 간판 대회를 방불케 하는 매우 어지러운 모습이다.

뉴욕에 있는 일본 가게나 상점은 대부분 간판이 없거나 아주 작다. 일본식당을 찾을 때는 주의를 기울여야 한다. 그렇지 않으면 찾기 어렵다. 그만큼 간판이 작고 눈에 띄지 않는다. 일본 사람은 남의 눈에 띄는 것을 싫어한다. 장사하는 가게도 예외가 아니다. 실력으로 승부한다.[20] 실력이 있으면 오지 말라고 해도 온다. 그런 생각으로 보인다.

32가 코리아타운도 중국만큼은 아니지만 정신없다. 우리도 드러내고 싶어 한다. 스스로를 드러내야 한다는 약간의 강박감이 남아있다. 서울도 개선되고 있지만 아직 갈 길이 멀다. 세종 정부청사의 부처별 표지가 그나마 적당하다.

두 번째, 균형미 색채감이 조화를 이룬 조명이다.

뉴욕의 밤은 밝다.[21] 각양각색의 조명들이 도시를 밝히고 있다. 서울 강남역에 해당하는 타임스퀘어의 화려함을 제외하면 맨해튼의 조명은 브라운 톤의 은은함과 우아함이다. 내가 사는 롱아일랜드시티에서 바라보는 맨해튼 미드타운 30~60가의 야경은 너무나 아름답다. 마치 세계적인 디자이너가 디자인 한 듯 균형미와 색채감이 조화를 이룬다.

보는 사람을 전혀 피곤하지 않게 만들고 계속 보게끔 만든다. 디자인의 힘이다. 프랑스의 세계적 건축가 르코르뷔지에가 설계한

---

20) (잇세이켄메이) : 목숨을 걸고 무엇을 한다는 뜻. 원래는 사무라이들이 조상대대로 살아온 영지를 목숨 걸고 지킨다는 의미이다.

21) 뉴욕의 별명은 "잠들지 않는 도시(city that never sleeps)"이기도 하다. 24시간 조명이 건물들을 밝힌다.

UN본부의 야경도 아름답다. 야간 뷰(경관)을 위해 전기를 끄지 않는다고 들었다. 뉴욕다운 탁월한 결정이다. 시청 앞 광장을 비롯 서울은 너무 어둡다.[22] 전기 절약으로 얻는 편익보다 어둠으로 잃어버리는 서울의 아름다움이 너무 아쉽다. 시청 앞과 덕수궁 앞은 평양처럼 어둡다.

뉴욕 맨해튼의 야경 모습

세 번째는 공원다운 공원이 곳곳에 있다.

뉴욕은 공원의 도시이기도 하다. 우리에게 공원은 일 년에 한 번 갈까 말까 하는 곳으로 기억된다. 우리에게 공원은 대공원이다. 서울 대공원, 어린이 대공원. 그런데 왜 대공원일까? 수 십 배 더 큰 센트럴 팍이나 런던 하이드 팍은 그냥 공원이다. 뉴욕이 도시다움도 갖추기 전인 1850년대 이미 센트럴 팍 조성이 시작되었다.

---

22) 서울이 어두운 이유는 전 서울시장이 전기 절약을 위해 야간 조명을 하지 말라는 지시가 있었기 때문이라고 한다.

맨해튼 곳곳에 있는 작은 공원

우리나라에서는 막걸리 먹고 춤도 추는 산이 공원에 해당되지만 뉴욕의 공원은 각종 공연장이다. 독서, 대화와 사색, 산책과 각종 스포츠를 즐기는 장소가 되기도 한다. 공원은 사람과 함께 숨 쉬고 사람들은 공원에서 삶의 재충전을 한다. 곳곳에 흩어져 있는 수 백 개의 크고 작은 공원이 맨해튼의 허파처럼 사람들을 숨 쉬게 한다. 삭막할 것 같은 거대도시가 전혀 삭막하지 않고 사람들을 숨 쉬게 만든다. 우리에게는 대공원이 필요한 것이 아니라 도시 어디에서든 10분에서 15분만 걸으면 만날 수 있는 공원이 필요하다.

넷째, 가로수

맨해튼은 가로수의 도시이다. 고층 건물이 밀집한 미드 맨해튼과 월스트리트 등 일부를 제외하면 거의 모든 도로와 건물사이에 오래된 가로수들이 뉴욕의 거리를 아름답고 격조 있게 만든다.

특히 황금빛 낙엽이 거리를 물들이는 가을이면 그 아름다움은 절정에 다다른다. 건물과 그 그림자, 그리고 그 틈 사이로 비치는 햇살들…서로가 어울려 한 폭의 수채화를 연상시킨다. 뉴욕은 별도로 꾸미지 않아도 그 자체로 아름다움을 창조해내는 도시다.

가로수로 울창한 맨해튼 도로

다섯째, 웅장한 석조건물, 교회와 성당

맨해튼은 그 비싼 땅값에도 거리의 제일 좋은 자리에는 어디나 예외 없이 성당이나 교회가 있다. 특색이 없거나 돌출적인 한국교회들과 달리 뉴욕의 교회는 고색창연하다. 겉모양만 봐서는 교회인지 성당인지 구분을 할 수가 없다. 웅장한 석조건물과 아름다운 벽돌로 지은 오래된 교회, 성당이 많다. 초고층 현대식 건물들과 오랜 교회 성당 건물들이 서로를 배척하지 않고 자연스럽게 어울린다.

여섯째, 눈부신 하늘과 깊고 푸른 강줄기

뉴욕의 하늘은 눈이 시리게 푸르다. 맑은 날 뉴욕의 하늘은 그 자체로 그림이다. 찬란하다. 하늘의 눈부신 푸르름은 맨해튼을 둘러싼 두 개의 강, 허드슨과 이스트 리버의 검푸름으로 한 층 더 빛난다. 뉴욕의 강과 하늘은 뉴욕의 아름다움을 절정에 이르게 하는 마침표이다.

찬란한 뉴욕 하늘과 강, 호수

❶ 허드슨 강
❷ 센트럴 팍 호수
❸ 허드슨 강변 공원
❹ 월드 트레이드 센터 부근

마지막, 바라만 봐도 즐거운 다양한 인종, 사람들

다양한 사람들. 수많은 인종들. 뉴욕의 5개 구 중 하나인 퀸즈에만 130여 인종이 살고 있다고 한다. 다양한 사람만큼이나 다양한 표정을 지니고 있다. 그러나 대부분 표정이 밝다. 특히 뉴욕에 오는 관광객은 뉴욕에 오고 싶어 했던 사람이라서 그런지 표정이 무척 밝다. 엘리베이터에서 길거리에서 식당에서 어디에서나 밝게 인사하는 그들을 보면 내가 뉴욕에 있다는 사실이 즐겁다. 오늘 출근 길 아파트 엘리베이터에서 만난 일본인 모녀와 어린이 3명. 어색한 침묵이 흐르던(나를 중국인으로 생각했는지…)중에 내가 곰방와 라고 했더니 모녀가 웃는다. 코토모산닌데스까 미나카와이(아이가 3명인가요 모두 귀엽군요)! 했더니 내가 일본인인지 반신반의? 나는 한국인인데 일본어 공부하는 데 어렵다고 하니 칭찬이 쏟아진다. 마음을 열고 대화를 시작하면 누구나 친구가 될 수 있는 곳이 뉴욕이다.

우리는 뉴욕이라는 공간을 통해 인간이 만들어 낼 수 있는 아름다움의 가능성을 찾을 수 있다. 천만이 넘는 거대 인구가 움직이는 도시가 단지 복잡함이 아니라 건물과 거리, 강과 하늘, 복잡함과 단순함, 공간과 밀집의 조화가 만들어 내는 아름다움을 느끼게 한다. 특히 눈부신 햇살이 쏟아지는 5월과 청량한 10월의 뉴욕은 찬란하게 빛난다. 초일류만이 만들어내는 조화와 균형의 아름다움이라 할 수 있다. 넘치지도 과하지도 않으면서 시간이 흐를수록 뉴욕은 '뉴욕다움' 을 더 해 가고 더 많은 사람들을 뉴욕으로 빨아들인다.

'뉴욕다움' 으로 뉴욕은 언제나 로망으로 기억된다.

부자의 향기

뉴욕에는 수많은 미술관이 있지만 우리에게 가장 잘 알려진 곳은 메트로폴리탄 미술관과 함께 흔히 MoMA로 불리는 현대미술관이다. 1929년 11.7 최초 개관했지만 지금 우리에게 익숙한 모마는 2002.5월 재건축 결과다. 설계를 담당한 사람은 일본인 건축가 요시오 다니구치였다. 1997년 모마 재건축 설계 공모 당시 미국의 심장 같은 모마가 일본인 건축가로 결정되었다는 사실에 많은 사람들이 놀랐다고 한다. 우리는 잘 모르지만 뉴욕 맨해튼은 일본의 힘이 곳곳에 강력하게 나타난다.

맨해튼 웨스트 53가에 위치한 모마(뉴욕 현대 미술관 MoMA, The Museum of Modern Art)는 원래 석유 왕 록펠러의 저택이 위치한 곳이다. 미술을 전공한 며느리가 모마를 만들기 위해 남편을 설득해 자신의 저택 부지를 기증했다. 그녀의 남편이 록펠러 2세다. 오늘날의 모마 명성은 록펠러재단의 지속적 기부 덕분이다. 맨해튼에 있는 유엔본부도 록펠러가가 기증한 땅으로 생겨났다.

세계적인 예술 종합 센터인 링컨센터에는 줄리어드 음악학교를 비롯 메트로폴리탄 오페라 하우스, 뉴욕 심포니와 뉴욕 시립발레단이 있다. 또한 아름다운 분수대 광장을 포함한 뉴요커들의 휴식공간이기도 하다. 링컨센터는 1962년 뉴욕의 웨스트 65번가 140번지에 세워졌다. 총 공사비 1억 4200만 달러를 투입하여 지은 이 건물은 당시로서는 보기 드물게 규모가 크고 음악·무용·연극·오페라·발레 등 다양한 예술장르를 한 공간에서 조화시키겠다는 대담한 생각으로 조성되었다는 점에서 큰 화제를 모았다. 그때까지만 해도 생소했던 종합예술센터로 지어진 링컨센터는 최초의 복합 예술공간으로서 오늘날 이러한 공간의 전형으로 꼽히고 있다.

링컨센터 역시 록펠러 3세가 뉴욕 주지사로 근무할 때 가문의 재산을 대거 기증해 완공되었다. 록펠러가의 기부 없이는 오늘날 링컨센터는 생겨나지 못했다. 그러나 모마와 링컨센터 그 어느 곳에도 록펠러의 동상이나 이름은 찾기 어렵다. 모마 한 구석에 있는 작은 가든(정원)을 그 며느리의 이름을 따서 '애비 엘드리치 록펠러 정원' 이라고 한 것 뿐이다.

록펠러, 카네기, 밴더빌트, JP 모건 등 미국을 만든 거부들은 재산 축적을 위한 경쟁 못지않게 기부와 사회적 공헌에도 치열한 경쟁을 했다. 그 전통은 빌 게이츠와 버핏 등 지금의 부자에게도 면면히 이어진다. 미국 전역이 그렇지만 뉴욕의 도서관 등 공공건물도 대부분 개인 기부를 통해 의해 지어졌다.

세계를 지배하던 영국과 프랑스는 대영박물관, 루브르 박물관 등 세계적인 뮤지엄과 박물관을 국가가 만들었다. 음악과 미술에 있어 서구에 뒤지지 않는 자부심을 지닌 러시아도 물론이다. 대부분의 강대국은 국력을 과시하기 위해 국가가 나선다. 그러나 메트로폴리탄, 모마, 구겐하임, 휘트니, 링컨센터, 카네기홀, 스미소니언(워싱턴

D.C.) 등 미국의 세계적인 박물관 갤러리, 공연장은 모두 개인이 기부한 것들이다.

부자들은 자신을 부자로 만들어준 뉴욕 시민들에게 아름다운 문화 공간으로 선물하였다. 부의 과시가 아니라 감사로 보답한 것이다. 미국에서 부자들은 개혁과 처단해야 할 증오와 미움의 대상이 아니라 많은 사람들에게 사랑받는 필요한 존재다. 이런 부자들의 기부와 뉴욕시의 철저한 관리와 지원으로 뉴욕의 문화 공간들은 시간이 갈수록 아름다움을 더한다. 뉴욕을 찾은 사람들은 뉴욕이 권력이나 행정에 의해서가 아니라 뜻 있는 개인들의 기부에 의해 더욱 빛나는 도시가 되었다는 사실을 알게 된다.

모마, 메트로폴리탄, 링컨센터를 찾으면 기분이 밝아진다. 부자들이 기부한 컬렉션들에 감동받고 고개가 숙여진다. 록펠러 3세(6명 중 다른 한 명)는 9천억 원의 단일 경매로는 최대 액수의 컬렉션을 전액 모마에 기부하였다.

부자들의 향기에 취하게 되는 도시, 뉴욕이다.

감사와 즐거움이 넘치는 곳

42가 그랜드 센트럴 역을 지나오는데 구세군 복장과 깃발이 보인다. 분명 구세군인데 종소리 대신 어디서 많이 들어 본 신나는 디스코 음악이 뉴욕에서 제일 번화한 42가를 가득 채운다. 70년대 말 80년대 초 크게 유행했던 비지스의 staying alive에 맞춰 구세군 아저씨가 신나게 몸을 흔들어 댄다. 더 신기한 일은 그 구세군 아저씨의 유혹에 못 이겨 지나가던 사람들이 하나 둘씩 같이 춤을 춘다. 마치 유튜브에 나오는 mob dance 처럼. 그것을 보는 사람들은 미소와 웃음이 나오지 않을 수 없다. 뉴욕에 살고 있는 뉴요커든, 미시건에서 관광 온 미국인이든, 수많은 나라에서 온 관광객, 방문객 할 것 없이….

지난 주 한국에 들어갔을 때 들렸던 서울도심 지하도. 지나가다보니 분명히 많이 들어본 종소리가 희미하게 귓전을 울린다. 구세군 종소리다. 그런데 종소리도 희미할 뿐만 아니라 종을 치는 사람도 전혀 열정이 없다. 그냥 기계적으로 종을 흔들 뿐이다. 구세군 복장도 희미하게 느껴진다. 뉴욕에서 봤던 그 신나는 구세군과는 너무나 다르다.

이런 차이는 어디서 비롯되는가? 낙천적이고 긍정적인 삶의 태도가 아닐까? 낙천과 긍정! 미국 그리고 뉴욕에서 만날 수 있는 삶의 모습들이다. 미소와 인사, 출입문을 열고 나갈 때 서로 잡아주는 작은 배려… 이런 삶의 모습들에서 사람들은 활력과 힘을 얻는다.

웃음으로 시작하는 하루는 우울과 짜증으로 시작하는 하루와는 분명히 다르다. 웃음과 쾌활함 그리고 감사가 넘쳐나는 미국, 미국의 활력과 정신은 분명히 살아 있다. 나는 이러한 미국의 낙천적이고 긍정적인 활력이 앞으로도 계속되길 진심으로 바란다.

그랜드 센트럴 역과 택시(NY Yellow Cab)

상상력의 도시, 수백만 명이 몰려든다

뉴욕은 걷고 싶은 곳이 많다. 다른 말로 하면 걸어 다닐 수 있는 곳이 많고 걷게끔 디자인 되어있는 도시다. 차를 타고 움직이는 사람도 많지만 걸어 다니는 사람들이 더 많은 도시다.

언뜻 보기에는 뉴욕이 자동차 중심의 도시로 보일 수 있지만 뉴욕은 철저히 사람, 보행자 중심 도시다. 사람을 우선하는 도시, 그래서 뉴욕은 세계 초일류 도시인 것이다.

걷기 좋은 뉴욕을 상징하는 대표적인 창조물이 하이라인이다. 철도 폐선을 도시 재생사업으로 탈바꿈시켜 뉴욕의 명물이 된 것이 하이라인이다. 오래된 고가 철도를 보행이 가능하게끔 새롭게 만들었다. 그러나 HIGH LINE이라는 말과는 달리 그리 높지는 않다.

걸어 다니면서 양쪽으로는 사람들이 살고 있는 아파트 내부도 보인다. 또 동서로 이어진 맨해튼 스트리트 사이를 통해 뉴저지 쪽으로는 저녁 석양이 아름답고 동쪽으로 이스트리버 방향으로는 찬란한 아침 태양을 볼 수도 있다. 참고로 맨해튼의 일방통행(one way) 짝수 도로는 차량이 동쪽 방향으로 운행한다. 예를 들어 40가, 46가 등은 차들이 서쪽에서 동쪽으로 이동한다. 나는 이것을 "짝 동(짝수는 동쪽)"으로 명명했다. 건물들 속으로 걷다 보면 방향이 수시로 혼동되어서 내가 스스로 발명한 방법이다.

하이라인을 걷고 있노라면 세계 최대 도시가 아니라 중소 도시의 시골길을 걷고 있는 착각이 들만큼 고즈넉한 느낌이 든다. 하이라인은 웨스트 34가에서 시작된다. 조금 내려가면 최근 뉴욕에서 가장 핫 플레이스로 등장한 허드슨 야드의 달팽이 모양의 건물 Vessel 있다. 10가(10th AVE)를 평행선으로 내려가다가 하이라인은 웨스트 10가에서 끝이 난다.

14번가 부근은 미국 모던 아트의 명소인 휘트니 미술관이 위치하고 있고 16가에는 관광객들로 늘 북적이는 첼시 마켓이 있다. 유니크한 부띠끄 호텔인 The High Line Hotel에 들려 총천연색 크레용 세트를 무료로 받아 보는 것도 권하고 싶다.

한 마디로 다양한 볼거리와 여러 가지를 생각게 하는 상상력을 불러일으키는 길이 하이라인이다. 아이디어 하나가 수 백 만 명의 뉴요커들은 물론 이곳을 찾는 수많은 관광객들에게 영감을 불러일으킨다.

하이라인!
뉴욕을 사랑하는 이유 중 하나이다.

❶, ❷, ❸ 도심 상공을 가로지르는 하이라인

거리의 별 빛 같은 존재, 뉴욕의 서점[23]들

스타벅스 향의 유혹에 빠져 자주 가는 곳이 46가와 5가 사이 반즈엔노블 서점이다. 뉴욕의 물가는 살인적이다. 그런데 서울보다 유일하게 싼 것이 하나 있는데 바로 커피다. 스타벅스에서 가장 큰 사이즈인 벤티 하나를 주문하면 그 날 하루는 커피 끝이다. 반즈엔노블 서점은 책도 좋지만 서점 2층 전체로 퍼져나가는 커피 향 또한 책과 함께 잊을 수 없는 추억이다. 아마존의 위력으로 뉴욕에도 작은 서점들이 타격을 입고 문을 닫은 곳들이 즐비하다고 한다. 가격 경쟁력에서는 정말 비교가 안 된다.

가격을 아무리 낮춰도 아마존과는 비교 자체가 안 된다. 거의 새 책과 다름없는 USED BOOK(중고책)의 경우 아마존에서는 배송비 포함 8~10$면 구입이 가능하지만 같은 책을 반즈엔노블에서는 멤버쉽 10% 할인 받아도 20$를 넘게 줘야한다. 왜냐하면 반즈엔노블에서는 새 책만 팔기 때문이다.

그래도 반즈엔노블을 간다. 멤버쉽을 사고 커피 한 개 사면 덤으로 주는 쿠키 쿠폰을 한 장 받으면서 서점을 간다. 뉴욕의 격조를 위해서도 종이책 서점인 반즈엔노블이 문을 닫지 말기를 바라는 마음으로 간다.

---

23) 도시의 문화적 품격은 거리마다 문을 여는 서점들의 존재다. 서점이란 도시의 어둠을 밝히는 한 밤의 별 빛 같은 것이다. 김언호, 세계서점 기행. 한길사 2020년

무역센터가 있는 남쪽 WARREN STREET에도 반즈엔노블이 있다. 46가 보다는 최신 실내장식이고 아이들을 위한 책 읽어주는 공간도 있고 스터벅스 공간도 훨씬 여유롭다. 46가는 테이블 당 30분 한정이라는 제한이 있다. 임대료가 비싼 지역이라 공간이 좁기 때문이다. WARREN STREET는 주로 주말에 간다. 페리보트를 타고 아름다운 이스트 리버 풍경을 즐기며 맨해튼 최남단 지하철 역 SOUTH FERRY에 내려서 걸어간다.

책과 함께 할 수 있는 도시, 뉴욕이다.

뉴욕의 서점 반즈엔노블, 필자

키노쿠니야!

맨해튼에 많이 있는 일본 식당 이름이 아니다. American Avenue라고 불리는 6가와 뉴욕의 수많은 스트리트 중에서도 대표적이라 할 수 있는 42가가 만나는 곳에 위치한다.

일본답게 작은 간판의
대형 서점 키노쿠니야

키노쿠니야 바로 앞의 브라이언팍은 센트럴팍과 함께 뉴욕의 대표적인 공원이다. 센트럴팍은 규모도 훨씬 크고 맨해튼 도심에서 약간 북쪽으로 치우쳐 있지만 브라이언팍은 맨해튼에서도 심장과도 같은 중심적 위치에 있다. 뉴요커가 가장 사랑하는 공원으로 불린다. 일본 대형 서점이 그러한 위치에 있는 것도 놀랍지만 서점 안의 손님이 거의 미국인이라는 사실도 놀라웠다. 일본 애니메이션의 상징인 대형 Kitty가 서점 내부 곳곳에 입간판 형태로 서있고 2층엔 맛있는 일본식 과자, 베이커리도 함께 입점해 미국인과 관광객을 부르고 있었다.

서점 내부의 일본 카페

일본인의 전형적인 모습이기도 하지만 대형 서점임에도 간판은 작고 눈에 잘 띄지 않을 정도였다. 뉴욕 전역에 수많은 일본 관련 장소가 있는 것도 부러웠지만 뉴욕의 심장부와도 같은 곳에 일본 서점이 당당하게 자리하고 있는 사실이 정말 부럽고 부러웠다.

여기저기 서점이 있고 책 읽는 사람들로 넘쳐나는 도시,
뉴욕이다.

24시간 움직이는 지하철, 불편함은 양념일 뿐

뉴욕에서 놀라운 경험을 많이 했다. 뉴욕은 여행이나 출장을 와서는 결코 알 수가 없는 곳이다. 대충이라도 알기 힘든 곳이다. 출장으로 며칠 다녀가거나 잠시 체류했던 사람들에게 물어보면 대부분 뉴욕은 별로라고 한다. 복잡하기만 하고 좋은 줄 모르겠다는 사람들이 많다. 살아보고 걸어보고 다녀봐야만 알 수 있다. 그것도 늘 가던 길만 가서는 절대 알 수 없다. 격하게 몸으로 체험해 보아야 한다. 그래야만이 뉴욕의 진수를 알 수 있다.

일반적으로 뉴욕 지하철은 낡고 오래되고 지하철 역 내부는 무서운장소로 알려져 있다. 뉴욕 지하철은 세계에서 가장 오래되고 규모가 큰 대중교통 수단 중의 하나이다. 뉴욕 도시고가철도는 1868년, 지하구간은 1904년에 운행을 시작했다. 뉴욕 지하철은 여러 가지 면에서 놀랍다.

우선 100년이 넘는 지하철 역사를 지니고 있지만 처음과 별로 달라진 게 없다는 점이다.

우리도 지하철 역사가 50년 정도 되었지만 50년 전과 지금의 열차와 지하철역을 비교하면 완전히 다르고 최근 것일수록 최첨단 기능이 포함된 좋은 시설로 만들어져 있다.

뉴욕 지하철 25개 라인(노선)과 3개 셔틀 열차를 모두 타 보았다. 놀랍게도 신구 노선별로도 거의 차이가 없다. 똑같이 고물에 가까운 오래된 열차들이다. 에어컨은 나오지만 열차내에서 와이파이는 안 된다.

두 번째, 지하철이 시간에 맞게 예정대로 움직이지 않는다. 지하철로 출퇴근을 하는 수백만 명의 이용자는[24] 거의 매일 같이 지하철 역사 구내에 붙어 있는 안내문들을 꼼꼼히 살펴야 한다. 그렇지 않으면 플랫폼에 아무리 서 있어도 열차는 오지 않는다. 주말마다 각종 보수 공사(100년이 넘은 철로를 생각할 것)로 인해 노선별로 주말에 운행하지 않는다는 안내문을 모든 지하철역에 게시한다. 놀라운 점은 안내문과 관계없이 열차는 오지 않을 때가 많지만 열차 운행이 중지된다는 내용은 100% 정확하게 지켜진다는 점이다. 더 놀라운 점은 이런 지하철의 불편함과 지하철 노조의 횡포[25]에 대해 뉴요커들은 마치 숙명인 듯 아무도 불평하지 않고 묵묵히 받아들인다는 점이다. 그럼에도 다행스러운 점은 운행이 중단된 지하철 구간에는 반드시 무료 셔틀(대형 메트로 버스)이 대체 운행된다. 지하철은 예고 없이도 갑자기 끊기지만 셔틀은 100% 운행되는 것이 뉴욕 지하철이다.

놀라운 것은 열차만이 아니다. 지하철역은 더욱 낡고 오래되었다. 낡은 정도가 심각하다. 여름에는 비가 새는 역들도 많다. 승객들은

24) 뉴욕 지하철은 도쿄,모스크바,베이찡,난징,서울,광저우 다음으로 7번째로 승객이 많다.
25) NYC METRO(지하철) 노조원 평균 연봉은 2017년 기준 17만 달러(약 1억 8천만원)에 달한다. 매니저 급은 약 3억원에 육박한다. 2017년 뉴욕 메트로의 정시 도착, 출발률은 65%로 세계 대도시 지하철중에서 최하위이다. 매일 550만 명이 뉴욕 지하철로 이동하지만 청결도,친절 및 시설면에서는 서울과는 비교조차 힘들다. 출처 뉴욕시 나무위키

지하철 역사에서 천장으로 흘러내리는 빗물을 피해 이리저리 움직여야 한다. 푹푹 찌는 한여름 뉴욕에서 에어컨 시설이 안 되어 있는 지하철 역사를 들어가는 것만으로도 고문에 가깝다. 더욱이 철길로 떨어짐을 방지하기 위한 차단벽도 없는 뉴욕 지하철 플랫폼(승강장)은 삶과 죽음이 매일 교차하는 현장이다. 그 좁은 플랫폼 위로 러시아워에 발 디딜 틈도 없이 사람들이 이동할 때면 철로 위로 떨어질 수도 있다는 위기감이 늘 생긴다.

뉴욕 지하철의 또 하나의 특징은 교도소를 연상시키는 출입구다.

뉴욕 지하철의 출입구

접촉식 카드로 지하철 역사 개찰구를 운용하는 우리나라와 달리 뉴욕은 지금도 종이 티켓을 통해 개찰구를 통과해야 한다(나갈 때는 개찰구가 없음). 그런데 개찰구 통과에는 상당한 노하우가 필요하다. 지하철 탑승을 위한 종이 티켓을 가느다란 홈에 스치듯 접촉하고 회전식으로 밀고 들어가게 되어 있는데, 이 두 번의 동작을 원만하게 마무리하려면 상당한 집중력과 경험이 필요하다. 쉽게 말해 처음 하는 사람은 보통 서너 번 많게는 열 댓 번을 시도해야 겨우 두 개의 과정을 마칠 수 있다. 역시 뉴욕답게 그런 문제를 도와주는 역무원은 없다. 방탄유리 같은 두꺼운 유리방에서 묵묵히 쳐다보고 있는 뚱뚱한 흑인 또는 히스패닉 지하철 직원이 있을 뿐이다. 그러나 앞 사람이 아무리 헤매고 있어도 뒤사람들은 불평 없이 묵묵히 기다려 준다. 참기 힘들면 다른 줄로 옮겨 입장한다. 아마 자신들도 그런 불편을 감수하고 마침내 지하철 개찰구 통과의 마스터가 될 수 있었던 것이 아닐까?

뉴욕 지하철의 유서 깊은 문제점은 여기까지다. 지금부터는 장점에 대해 언급하고자 한다. 무슨 장점이 있을까 싶겠지만 분명히 장점이 있다.

우선 뉴욕 지하철은 24시간 움직인다.

이것이 정말 대단한 시스템이다. 지저분하고 시도 때도 없이 운행이 중단되고 역사에는 비가 줄줄 새지만 그래도 24시간 동안 움직인다. 그래서 저소득자들도 뉴욕에서 살아갈 수가 있다. 대부분 3D 업종에 종사하는 이민자(중남미 출신 히스패닉이 주류)들과 브롱스, 브루클린에 거주하는 흑인들은 맨해튼에 있는 식당이나 건물에서 일하고 있다. 그들에게 24시간 움직이는 지하철은 자신들의 생계유지와 직결된다. 엄청난 주차비로 악명 높은 맨해튼에 차를 갖고 출퇴근 할 수 있으려면 최소한 연봉이 15만 달러 이상 되어야 하기 때문이다. 스스로의 힘으로 가난을 해결하는 것이 원칙인 미국답게 국가가 현금으로 저소득자를 지원하는 것이 아니라 일할 수 있는 여건을 만들어 줌으로써 빈곤계층 스스로가 가난을 극복해 갈 수 있도록 하는 시스템이다.

늦은 밤이나 이른 새벽 뉴욕의 지하철은 이민자들로 가득하다. 대부분 고단한 표정으로 눈을 감고 있다. 우리처럼 지하철 탑승객 전원이 스마트폰을 들고 있는 광경은 보기 어렵다. 고단하지만 그들의 피곤함에는 언젠가 가난에서 벗어날 수 있으리라는 희망이 묻어난다.

지하철 가격(패스)가 매우 합리적으로 설계되어 있다. 편도 비용은 2.75$(약 3천원, 2015년부터 적용)우리보다 약 2배 비싸다. 그러나 7일, 30일 패스를 사면 사용 횟수에 제한이 없다. 나는 7일, 32달러 패스를 주로 사용했는데 뉴욕 여기저기를 거의 매일 돌아다니는 나 같은 사람에게는 너무나 고마운 제도였다. 많이 탈 때는 하루에 10번 지하철을 탄 적도 있다.

마지막으로 급행이다. 오래전부터 뉴욕 지하철은 모든 역을 정차하는 완행과 주요 역만 정차하는 급행을 동시에 운행하고 있다. JFK 공항에 갈 때 급행으로 움직이는 E 트레인을 타면 소요 시간은 물론 지하철보다 열 배가 넘는 가격의 택시에 비해 압도적인 경쟁력을 자랑한다. 뉴욕 지하철의 하드웨어적인 측면은 우리나라에 비해 뒤 떨어지지만 패스, 지하철 운행 방식 등 소프트웨어 측면은 역시 효율과 실용이 지배하는 미국답게 감탄이 저절로 나온다.

빗물이 홍건한 지하철 역사, 가장 붐비는 42가 지하철 플랫폼. 그러나 승강장 좌우에 보호 시설은 없다.

지하철 통로에서 연주하는 모습. 거리의 악사이지만 뉴욕답게 실력은 수준급들이다.

왜 도서관 건물도 예술품같이 지었을까?

살고 있는 롱아일랜드시티 아파트 앞에 퀸즈 시립 도서관이 있다. 이스트 강변 옆, UN 본부와 엠파이어스테이트 빌딩을 마주보는 기가 막힌 위치에 짓고 있었다. 2017.10월 뉴욕으로 들어와서 아파트 계약을 할 때 집 앞에 도서관이 곧 완공될 것이라는 점도 아파트 결정의 중요한 이유 중의 하나였다. 아쉽게도 도서관은 미국을 떠난 다음에 완공되었지만…

UN 근무하면서 제일 먼저 방문한 뉴욕 공공기관이 맨해튼 시립 도서관 분관이었다. East 44가에 있다. 점심시간에 근처에 가게 되면 한 번씩 들렀다. 책도 좋지만 도서관에 가면 많은 정보가 있었다. 뉴욕시민 ID를 발급 받을 수 있다는 사실도 뉴욕 도서관에서 얻은 정보였다. 여러 자격 점수를 합산해서 심사를 하는데 나는 다행스럽게 자격이 인정되어 복잡한 신청절차를 완료한 후 뉴욕 시민증을 발급 받았다. 1년간 세계 3대 발레단중 하나인 뉴욕시티 발레단 리허설 무료, 모마, 메트로폴리탄을 비롯 뉴욕시 22개 박물관, 뮤지엄 무료입장 등 많은 혜택이 있었다. 신청할 때의 고생이 전혀 아깝지 않았다.

주말에 우리 가족이 자주 찾았던 곳이 롱아일랜드 시립 도서관[26]이다. 오래된 건물이었지만 모든 미국 도서관이 그렇듯이 책 읽는 미국인들로 가득했다. 한국에서는 도서관이 책을 읽는 곳이라기보

---

26) Plainview Bethpage Old Library

다는 시험 준비하는 독서실 같은 곳이었는데 미국은 달랐다. 롱아일랜드에 위치한 도서관은 책 읽는 사람들이 많았고 인상적인 점은 독서하는 노인들이 많았다. 그리고 아이들과 엄마들이 함께 와서 독서하고 공부하는 모습도 보기 좋았다. 자원봉사자와 함께 근무하는 도서관 직원들도 친절하고 자기 일에 대한 전문성이 높았다. 도서관을 찾는 사람들과 직원들 모두가 가족같이 보였다. 도서관이 지역 공동체의 진정한 중심 역할을 하고 있다는 느낌을 받았다. 책 읽는 사람들이 아직도 많은 나라, 미국은 여전히 튼튼한 나라였다.

❶ 필자가 살던 아파트 부근의 이스트 강 앞에 짓고 있는 퀸즈 도서관
❷ 롱아일랜드 플레인뷰 시립 도서관 모습
❸ 동네 서점에서 이벤트로 하는 밴드 공연

강물도 내 편으로 만든 뉴요커들, NYC Ferry

뉴욕의 최고 한 가지만을 뽑으라면 나는 두말없이 NYC 페리를 권하고 싶다. 늘 숨 막히는 지하철, 버스에 시달려온 나와 같은 대중교통 출퇴근 자들에게 NYC 페리는 다른 세상의 출근 수단이었고 뉴욕의 매력과 장점을 피부로 느끼게 하였다. 강(江)[27]이 인간의 삶을 편하게 해주는 기본적 요소라는 것을 뉴욕에 와서 처음 알게 되었다. MB정부 시절 경험했던 4대강 사업에 대한 반대와 시위를 통해 내 머릿속 강의 모습은 아무런 움직임이 없었다.

가끔 영화에서나 볼 수 있던 돛단배와 노 젓는 뱃사공 정도가 강에 대한 기억의 전부였다. 그러나 뉴욕의 강들은 달랐다. 강 위에 아무것도 다녀서는 안 될 것 같은 우리 한강과는 달랐다. 강들도 땅 위의 도로들만큼 분주하게 움직이고 있었다. 지저분한 지하철을 피해 이스트 강에서 페리를 처음 탔을 때의 느낌은 번잡한 러시아워의 출근길이 아니라 정장을 입고 격조 있는 크루즈를 타고 어디론가 유람을 떠나는 기분이었다.

페리를 승선하기 위해 강변 선착장에 질서정연하게 줄을 서서 기다리는 사람들과 페리 승선 인원을 매번 철저하게 카운트하는 페리 안전요원들을 보면서 미국이 선진국이라는 사실을 확인할 수 있었

27) '江'은 '水'와 '工'의 결합이다. 이때 '工'은 땅을 다지는 공구인 달구를 뜻한다. 강이 인위적으로 변형된 물길임을 보여주는 문자학적 증거다.

다. 1층 내부선실과 2층 노천 좌석으로 구성된 페리는 쾌적하고 빨랐다. 지하철로 15분, 자동차로는 1시간여 소요되는 이스트 강을 단 4분 만에 건너 34가 선착장에 정확하게 도착했다. 빠를 뿐만 아니라 페리 내부는 작은 카페를 연상시킬 만큼 깔끔하고 편안했다. 특히 이층의 야외 좌석에서 좌우로 보이는 맨해튼과 브루클린의 화려함, 고색창연함은 너무나 매혹적이었다. 5월 어느 날, 찬란한 햇살과 눈부신 푸른 하늘 아래 페리를 타며 느꼈던 뉴욕의 경관은 정말 장관이었다. 또한 월스트리트까지 바로 가는 페리 라인을 타고 저녁 무렵 승선하면 윌리엄스 브리지, 맨해튼 브리지 그리고 브루클린 브리지의 이스트 강 3대 브리지를 모두 지나가게 된다. 그리 멀지 않는 바다에 있는 자유의 여신상도 눈에 들어온다. 안전함과 신속함, 쾌적함과 저렴함[28]을 모두 갖춘 NYC 페리는 뉴욕이 가진 또 하나의 강렬한 매력이다.

강을 삶의 주요한 수단이자 활력소로 활용하는 뉴욕 시민들, 뉴욕의 강들은 땅 위의 도로들 못지않게 1인승 카누부터 5만 톤 화물선까지 하루에도 수백 척의 배들이 자유롭게 다니는 또 하나의 길이었다. 뉴욕의 강은 매일 강을 이용하는 뉴욕 사람들에게 일자리를 제공해주는 중요한 역할도 하고 있었다. 일자리를 만들고 물 위의 도로로 역할하고 있는 뉴욕의 강들이다.

---

28) NYC 페리 1회 승선비용은 지하철과 동일한 2.75$이다.

❶ NYC 페리 모습
❷ 페리에서 바라보는 이스트 강의 다리들
❸ 페리 내부 모습
❹ 페리를 타기 위해 줄을 서서 기다리는 사람들
❺ 페리 옥상의 좌석들

뉴욕의 향기, 좋은 것만 가득할까?

세계적인 도시들은 도시를 상징하는 냄새가 있다. 샤넬의 도시 파리는 향수, 도시 자체가 공원인 런던은 숲 냄새, 미슐랭 스타 식당을 세계에서 가장 많이 가진 도쿄는 맛있는 요리냄새가 아닐까?

그렇다면 뉴욕의 냄새는 무엇일까? 내가 찾은 답은 놀랍게도 지린내(오줌)이다. 맨해튼의 웬만한 지하철 역 입구, 스트리트 코너(거리의 구석) 그리고 조금 으슥한 길거리에는 오줌냄새가 진동한다. 시민의식이 부족해서가 아니라 크게 두 가지 이유 때문이다.

첫 번째 이유는 노숙자가 많기 때문이다. 이런저런 이유로 직장을 잃고 자유롭게 온 도시를 집으로 삼고 생활하는 노숙자가 뉴욕에는 많다. 그들에게는 거리가 화장실이다.

두 번째 이유는 뉴욕 시내에서는 화장실 찾기가 어렵다.

미국이 유럽 도시들에 비해 화장실 인심이 매우 후한 편인데 맥도날드, 그로서리(우리 대형마트에 해당) 등 웬만한 곳에서 쉽게 화장실을 이용할 수 있는 미국 내 다른 지역과 달리 뉴욕은 화장실을 오픈하는 건물이 거의 없다. 아마 노숙자나 테러 위험 때문인 듯하다. 맥도날드나 버거킹과 같은 패스트푸드점이나 스타벅스 등에서도 화장실을 찾기가 쉽지 않다.

한국의 모든 지하철 역사에 공공 화장실이 있듯이 뉴욕에도 지하철역에 화장실이 있기는 하다. 그러나 노숙자 외에는 이용자가 거의 없다. 그래서 멀쩡한 정장 입은 사람들도 지하철 구내에서 볼 일 보는 광경을 심심치 않게 보곤 한다. 지린내 넘치는 뉴욕, 그러나 다행스럽게도 대서양에서 불어오는 무지막지한 바람 덕분에 뉴욕의 공기는 늘 상쾌하다. 으슥한 곳만 제외한다면 말이다.

자유와 희망 그 자체의 도시, 뉴욕

24,532명 감염, 1898년 8,238명 사망, 19세기 말 뉴욕시 매년 거의 8,000여 명씩 사망

사망원인은 대부분 결핵, 장티푸스, 이질 등 전염병과 영양실조로 인한 것들이다. 사망자의 대부분은 화장실조차 변변치 못한 빈민 밀집지역에서 발생했다. 그러나 폭동도 민란도 없었다. 계급투쟁, 공산주의자들의 선동도 발생하지 않았다. "There are no poor in New York."[29] 급속한 산업화로 빈부격차가 상상을 초월하던 당시의 뉴욕. 그러나 그렇게 고달픈 삶속에서도 사람들은 희망을 포기하지 않았다. 부자들도 시작은 모두가 가난하였기 때문이다. 더 중요한 사실은 뉴욕이 지닌 자유의 공기였다. 뉴욕으로 이민 오기 전에는 자유가 없는 삶이었다. 뉴욕으로 사람들이 몰려오는 것은 뉴욕이 지닌 자유의 공기 때문이기도 하였다. 뉴욕을 한마디로 표현하라고 하면 "자유의 도시"라고 말하고 싶다. 강압, 지시, 규제가 아닌 자발적 자유의지! 뉴욕은 자유를 상징하는 도시이다. 모든 창조적 생각과 결과들은 정부의 지시가 아닌 개인들의 자유의지에서 생성되기 때문이다. 그래서 뉴욕은 창조가 계속되는 도시이다. 비록 지금은 가난하지만 모두가 공평하게 가지고 있는 자유를 통해 노력한다면 언젠가는 가난에서 벗어날 것이라고 믿었다. 현재의 고통은 보다 나

---

29) 뉴욕에는 가난한 사람들은 없다. 잠시 가난한 시절이 있을 뿐이다

은 미래를 위한 수업료라고 여겼다. 더 나은 삶을 위한 그들의 피와 땀은 자신들의 삶은 물론 뉴욕을 계속 발전시켰으며 그들과 그들의 자식중에서 큰 부자가 나오기도 하였다.

밤 11시에도 링컨센터 광장은 공연을 보러 온 사람들 외에도 많은 사람들이 모여 나름대로 더위를 식힌다. 뉴욕 맨해튼의 여름은 뜨겁다. 40도 가까운 한여름에도 뉴욕은 세계에서 몰려오는 수많은 사람으로 항상 뜨겁다. 식당과 바는 사람들로 넘친다. 24시간 운행하는 지하철은 낮이고 밤이고 하루종일 붐빈다. 뉴욕시에는 일자리 대책 위원회, 청년실업 대책 등이 없다. 일자리는 정부가 만드는 것이 아니라 각자 자신의 능력과 의지로 스스로 만들어가기 때문이다.

링컨센터 광장 야외 분수대

Have a nice day! (좋은 하루되시길!)

42가 그랜드센트럴 역. 1871년 증기기관차 역으로 시작해 1913년 다시 오픈, 44개 승강장에 67개 선로가 지나는 세계에서 가장 큰 역이다. 25개 지하철 노선이 통과하는 맨해튼 출근 중심지이기도 하다. 늘 사람들로 가득 차 있다. 하루 평균 75만 명, 1년에 1억여 명이 이 역을 이용한다. 화려한 건물과 로비를 배경으로 영화에도 많이 나온다. 그러나 화려하고 아름다운 지상 로비를 지나 지하철역으로 내려오면 분위기가 달라진다. 어둡고 냄새나고 거기다 자리 확보 위해 매일 출근하는 거지들로 유쾌하지 못하다.

맨해튼 지하철 역사 어디나 비슷하지만 에스컬레이터가 설치된 지하철역은 몇 개 되지 않는다. 다행히도 42가 지하철역에는 에스컬레이터가 설치되어 있다. 수시로 에스컬레이터가 작동이 안 되기는 하지만 그래도 있다는 사실만으로도 다행스러웠다. 사람들로 뒤섞여 있는 복잡한 지하철 역 구내에서 그나마 에스컬레이터를 타고 있는 동안은 유일하게 숨을 돌릴 수 있기 때문이다. 그래서 나는 꼭 에스컬레이터를 탄다. 지하철을 타기 위해서 양쪽으로 열차 선로가 지나는 발 디딜 틈 없는 승강장[30] 위에 서있을 때면 불현듯 영화에서의 장면이 떠오르기도 한다. 동양인을 혐오하는 인종차별주의자가 내 등을 확 떠밀어서 선로로 떨어질 것 같은 위협을 느낀다. 뉴욕 어

30) 물론 철로로 추락하는 것을 막기 위한 우리의 스크린 도어 같은 보호 장치는 없다.

디를 다녀도 위험하다는 생각이 든 적이 없었는데 지하철 역 승강장 에서 빡빡머리의 백인 우월주의자 같이 생긴 스킨헤드라도 보게 되는 날에는 그런 생각이 들었다. 승강장 양쪽 끝에 설치된 에스컬레이터까지 사람들을 뚫고 간다. 겨우 에스컬레이터 입구에 도착해 숨을 돌리고 나면 거의 수직과도 같은 급경사 에스컬레이터가 눈앞에 나타난다. 그런데 한숨을 돌리고 에스컬레이터를 타고 조금 올라가다 보면 머리 위로 "Have a nice day!"라는 앳된 소녀 목소리의 기계음이 들린다. 그 소리를 들을 때마다 어둡고 지저분하고 때로는 위험해서 아슬아슬한 42가 그랜드 센트럴 지하철역이 환해지는 느낌이 들었다. 아침에 출근하는 뉴요커들도 나와 같은 생각을 하는지는 모르겠지만 나는 너무 그 소리가 좋았다. 고달픈 출근길이지만 오늘 하루 힘내라는 격려와 긍정의 소리[31)]로 들렸다. 정말 힘이 나는 것 같았다. 긍정의 에너지는 사람을 움직이게 한다. 힘들수록 긍정의 마음가짐이 필요하다. 지하철이 아니더라도 뉴욕, 미국에서는 보통 인사가 "Have a nice day" 또는 "Have a great day!"이다. 우리의 인사는 무엇일까? 우리는 "안녕하세요"라고 한다. 뭐가 불안해서 안녕하냐고 할까. 배고프던 시절에는 "식사 하셨어요?" 가난하니까 자주 굶었을 것이다. 불안하고 가난한 시절은 어느 사회, 국가에도 있었다. 그것을 극복하는 것은 긍정의 자세, 긍정의 표현이 아닐까?

Have a nice day! 뉴욕 지하철의 간단하면서도 유쾌한 멘트!
뉴욕이 그리운 이유 중의 하나다.

---

31) 반면에 환하고 깨끗하고 시설 좋은 서울 지하철, 그러나 거기서 나오는 안내 방송은 매우 실망스러웠다. 초등학교 수준의 질서 지키라는 내용뿐이었다.

법(法)은 뉴요커들의 삶이다

일반적으로 뉴욕은 미국 동부, 중서부(미드 웨스트)와는 다르다고 한다. 전통적인 미국이라 보기 어렵다는 뜻이다. 일부는 맞고 일부는 틀린 말이다. 미국의 가장 큰 특징이라 할 수 있는 법의 지배(rule of law)는 뉴욕에서도 어김없이 지켜진다.

대통령은 자유롭게 비판해도 정부(중앙, 지방)의 공공적 활동과 법집행에 대해 반대나 데모가 거의 없는 나라가 미국이다. 그래서 행정 효율성은 독재국가인 중국과 거의 맞먹고 대부분의 하층 사람들도 권리 투쟁보다는 오로지 잘 살려고 노력한다.[32] 지하철, 버스 등 서민들이 주로 사용하는 시설에 대해 최소의 투자만 하고 있음에도 전혀 불만을 제기하지 않는 신기한 나라이기도 하다. 공항세관, 입국심사, 경찰, 복지사무소 등 관공서에 가면 신사, 숙녀 지위고하 막론하고 말단 공무원이 시키는 대로 몇 시간씩 줄 서는 나라이며, 공공의 안전과 질서를 모든 것의 최우선에 두고 여기에 조금이라도 저항하는 경우 가차 없이 조치하는 나라가 미국이다. 그러나 법과 규정을 지키기만 하면 편안하게 생활할 수 있는 시스템을 가진 나라이다.

이러한 시스템에서 3살부터 법의 지배를 세뇌 수준으로 배우며

---

32) 저항했다가는 추방당할 수도 있다고 생각하는지 모른다.

자라나는 미국 국민들에게 법과 규정은 반드시 지켜질 수밖에 없다. 그들의 삶 자체이기 때문이다. 한편, 뉴욕은 경찰의 도시이기도 하다. 테러의 위험이 가장 큰 도시이기 때문이다. 역설적으로 뉴욕은 미국에서 가장 안전한 도시이다. 온 사방에 경찰이 있어서 새벽 1~2시에 지하철을 타도 문제가 없다. 법의 지배가 살아 있는 곳, 뉴욕이다.

독서하는 뉴욕 택시기사

오늘 공항(JFK)에서 집에 오는 길에 택시를 탔다. 택시를 타게 되면 기사와 얘기를 한다. 택시기사와는 이것저것 따지지 않고 비교적 편하게 얘기할 수 있어 좋다. 대부분 아프리카나 동유럽, 중남미, 서남아시아 이민자들이다. 미국에 온 것에 대해 크게 감사하는 사람들이다. 오늘은 아프리카 무슨 나라인데 못 들어 본 나라였다. 놀랍게도 한국에 대해 정확하게(지금까지 내가 만난 외국인 중 가장 정확하게)알고 있었고 우리가 자신들의 롤 모델이라고 하였다. 그는 택시를 하면서 CPA(공인회계사) 자격증을 따고 컴퓨터 프로그래밍을 하고 수학을 열심히 한다고 했다. 무엇보다 놀라운 것은 끊임없이 독서한다는 것이었다.

고된 운전 전후로 쉬지 않고 독서한다고 한다. 그는 애플이나 구글 같은 회사에 들어가서 컴퓨터를 기반으로 프로그램 제작과 회계를 하고 싶다고 했다. 독서가 그를 그런 길로 이끌었다고 했다. 한국사람들도 책을 많이 읽어서 그런 부자나라가 되지 않았냐고 내게 물었다. 나는 대답을 못했다. 다만, 나는 책을 많이 읽는다고 했다. 책을 읽지 않는 국민들이 많은 나라는 희망이 없다고 말했다. 국가의 수준은 국민의 지적 수준에 달려있다. 국력은 결국 국민 모두의 지력의 합이다. 지력은 책에서 나온다. 나보다 21살 어린 아프리카 출신의 흑인 운전기사가 나보고 어찌 그리 얼굴이 안 늙었는지 묻는다. 할 말이 없어 한국이 살기 좋은 나라여서 그렇다고 했다. 명함을 교환하고 친구가 되기로 했다. 미국 와서 택시기사 명함은 처음 받았다.

살기 좋은 나라는 어떤 나라일까? 다양한 사람들이 모여 다양성 속에서 가능성을 찾고자 하는 활력과 에너지로 가득한 나라가 아닐까? 다양성을 바탕으로 가능성을 추구하는 사람들, 실력만 있으면 출신과 피부색에 관계없이 성공할 수 있는 나라, 미국이다.

우리가 이민을 2천만 명 받고 우리 2천만 명이 이민을 가면 어떻게 될까? 일단 한반도에 전쟁의 위험은 사라진다. 역동성이 살아나고 융합과 창조로 새로운 가능성이 열릴 것이다. 문을 여는 나라는 흥하고 벽을 쌓는 나라는 망했다(로마 vs 중국).

서울과 뉴욕, 무엇이 다른가?

서울이 뉴욕보다 좋은 점

지하철역에 가면 공짜로 물티슈를 준다. 어떤 지하철역에서는 나가는 출구마다 준다. 교회 나오라고 하면서… 뉴욕 지하철역에 가면 공짜로 주는 사람은 없고 돈 달라는 거지들만 있다.

서울 지하철 객차 내에는 가끔 짜증나게 만들기도 하지만 요긴한 물건들을 싸게 파는 잡상인들이 있다. 뉴욕 지하철 객차에는 파는 사람은 없고 돈 달라는 거지만 있다.

서울 지하철 역사는 미술관처럼 환하고 깨끗하다. 특히 여름에는 냉방이 잘 되서 한 번 들어가면 밖으로 나오기가 싫다. 뉴욕 지하철 역사는 여름이 되면 잠시도 있기 어렵다. 냉방이 전혀 안 될 뿐더러 냄새가 나서 견디기 힘들다.

어디나 깨끗한 서울 거리에 비해 뉴욕은 곳곳에 대낮에도 고정된 자리에 거지들이 진을 치고 있고 조금만 으슥하면 악취가 진동한다.[33)]

뉴욕이 서울보다 좋은 점

공인인증서가 필요 없다. 그런 것이 아예 없다. 은행이고 사무실

---

33) 출근길 멋있는 페리에서 내리면 지린내로 인해 숨을 멈추고 가야하는 지역이 바로 나온다!

이고 어디서든지 본임임을 인증하는 ID와 암호만 있으면 그것으로 끝이다. 왕 짜증나게 만드는 보안 관련 설치 프로그램 다운로드가 필요 없다. 아무것도 설치할 필요가 없다. 인터넷 뱅킹 한 번 하려면 IT 강국이라는 말이 무색하게 끔찍할 정도로 너무 복잡하기만 한 한국과는 비교가 안 되게 간단하고 편하다.

당직이 없다. 건물마다 안전요원이 있고 그것으로 건물 보안은 끝이다. 일직, 숙직, 당직 총사령 등과 같은 군사용어가 뉴욕에는 없다.

커피가 한국보다 싸다.[34] 맨해튼은 바둑판처럼 되어 있어(남북이 긴 직사각형)어디로 가든 길을 쉽게 찾을 수 있다. 짝수인 스트리트는 차량이 동쪽으로 진행한다.[35]

맨해튼 도심에 시위가 없다.[36]각자 자기가 하는 일에 바빠 정치나 뉴스에 관심이 없다. 흑백 갈등은 여전히 있지만 한국과 같이 같은 종족(태극기 VS 촛불)간의 갈등은 거의 없다.

맨해튼은 매우 집중되고 밀집도가 높지만 삶의 모습은 오히려 단순하다. 편리, 실용이 모든 것의 중심 가치이다. 서울은 도시 혼잡도는 뉴욕보다 덜하지만 복잡하고 어수선하다. 형식과 외형을 우선

---

34) 스타벅스 venti(벤티) 사이즈 에스프레소(아메리카노) 기준 한국 5천원, 뉴욕 3.69$(환율 1,100 기준시 4천원) 2019.5월 기준. 뉴욕과 서울의 1인당 GDP가 거의 2배 차이나는 것을 감안하면 뉴욕의 커피는 서울보다 훨씬 저렴하다.

35) 맨해튼에서 동서남북 구분이 어려울 때가 많아서 짝수 거리(34th 42th 등)는 차량이 동쪽으로 운행한다는 사실을 알게 되 "짝 동"이라 구분하였음

36) 흑인 생명도 중요하다(Black Lives Matter) 2020.6월 발생한 백인 경찰에 의해 살해된 흑인 플로이로 인한 미국전역의 대규모 시위가 발생하기 이전 시점에 대한 상황이다.

하는 문화가 우세하기 때문이다.

뉴욕의 인간관계는 단순하다. 일과 사생활이 확실하게 구분된다. 퇴근 후에 업무 관계로 사람들을 만나는 경우는 거의 없다. 한국은 퇴근 후에도 직장 동료들과 얽히는 것이 보통이다. 근무와 퇴근의 구분이 불분명하다.

일상에서 겪는 뉴욕 life

엘리베이터에서

오늘 귀가길 아파트 엘리베이터 모습이다. 네 사람이 엘리베이터를 탔다. 중년 남자 두 명, 젊은 여성 두 명. 탈 때도 서로 눈인사. 서로 다른 층에서 내렸지만 하나같이 내릴 때 "굿 나잇" 나도 네 번 굿 나잇했다. 짧은 시간 엘리베이터에서의 경험이었지만 기분이 좋았다. 항상 있는 일은 아니지만 모르는 사람들 간에도 인사하는 이런 경험은 미국을 생각하며 미소 짓게 한다.

커피 테이블

그제 아파트 인터넷 사이트에 물건 파는 공고가 붙어 50달러 주고 커피 테이블을 샀다. 다른 사람이 가져 갈까봐 집에 오자마자 그 집으로 달려갔다. 갓난아이가 있는 젊은 부부가 물건 주인이었다. 묵직한 커피 테이블을 어찌 들고 갈까 걱정했는데 젊은 남자가 집에까지 배달해 주겠다고 한다. 언제 이사 왔느냐고 물었더니 올해 3월이라 해서 그러냐 했더니 나보고 어디서 왔느냐고 묻는다. 한국이라 했더니 NO WAY(절대불가)! 라며 자기도 한국서 왔다고 한다. 오산기지에서 1년 근무했다고 한다. 너무 반가워서 딸기 한 팩 사 놓은 거 그 집에 선물로 줬더니 젊은 엄마가 테이블 반짝거리게 닦아 주겠다고 한다. NO WAY! 나도 그렇게 답했다. 즐거운 추억이다.

한국방송과 미국방송의 결정적 차이

미국 4대 지상파 방송인 ABC NBC CBS FOX의 본사는 뉴욕에 있다. 그런데 미국 지상파 주요 방송에서는 한국 뉴스는 거의 안 나온다. 한국 방송에서는 미국 소식이 자주 나온다. 그런데 미국의 좋은 점은 거의 보도가 안 되고 부정적인 모습만 집중적으로 보도한다. 한국에서는 뉴스에 트럼프가 수시로 나오고 대체로 안 좋게 나온다. 미국에서도 트럼프가 나오기는 한다. 그러나 한국 보다는 적게 나오고 CNN을 제외하고는 그렇게 부정적이지도 않다. 한국 사람들은 미국을 엄청 많이 아는 것처럼 생각하지만 사실은 많이 알지도 못하고 제대로 알지도 못한다. 대부분의 미국사람은 한국을 모른다. [37] 북한은 방송에도 많이 나오고 미국 사람들도 잘 알고 있다. 한국 대통령은 누구인지 모르지만 김정은은 기억한다. 삼성, 현대차, LG 덕분에 한국이 잘살고 좋은 제품 만드는 나라인지는 안다. 한류 바람으로 한국 식당들도 인기가 좋다. 그래서 기업이 중요하다.

어른들도 설레게 하는 크리스마스 정경

한국 사람들은 자기 집안을 예쁘게 장식한다. 미국 사람들은 집안은 물론 집 밖도 무척 신경을 써서 장식한다. 그래서 크리스마스 때가 되면 온 동네가 디즈니의 마법의 성으로 변한다. 덩치가 코끼리만한 아저씨들도 동심의 세계로 돌아간다.

미국의 크리스마스는 길거리에서 트리 파는 사람들로부터 시작된다. 11월 하순부터는 온 거리에 크리스마스트리 파는 사람들과 트리 사러 오는 사람들로 북적인다. 크리스마스트리용 나무는 생나무를

37) 그 이유는 방송에 거의 안 나오기 때문으로 생각된다.

잘라서 판다. 어디서 가져오느냐고 물었더니 노스 캐롤라이나라고 한다. 식당, 가게, 카페들에서도 캐럴을 많이 틀어 축제 분위기를 만든다.

❶ 크리스마스 트리로 가장 유명한 록펠러 센터
❷ 브라이언 팍과 윈터 페스티벌 표지
❸ 필자가 살던 아파트 라운지에서의 크리스마스이브 공연

맨해튼 중국식당과 일본식당

차이점

하나는 온 사방이 간판이고 워낙 크고 요란해서 몇 백m 앞에서도 보인다. 하나는 간판이 거의 없고 있어도 매우 작아서 찾기가 어렵다. 하나는 떼로 몰려 있고 하나는 흩어져 있다(찾기 어렵다).
하나는 너무 시끄럽고 하나는 조용하다.
하나는 지저분하고 하나는 깔끔하다.

공통점

손님이 무지 많이 온다. 사람들이 자주 간다.

간판이 보일 듯 말 듯한 일본 식당

단순함, 스티브 잡스, 뉴욕

스티브 잡스의 위대함은 아이폰을 만든 것이다. 그러나 잡스의 진짜 위대함은 '**단순함**'을 추구한 것이다. 그는 애플에 복귀해서 344가지 온갖 잡동사니 애플제품을 소비자용과 산업용 PC/DESK TOP으로 구분해 10개만 남기고 다 없애버렸다. 단순함의 미학을 추구하였다.

뉴욕 맨해튼과 롱아일랜드시티 등 뉴욕 곳곳에도 오래된 성당과 교회가 있다. 현대식 건물과 거대한 십자가를 내세우는 한국에 비해 뉴욕의 교회와 성당은 지붕이 뾰쪽한 고딕식 건축양식이 많다. 단번에 교회인지 알아볼 수 있다. 대체로 형태가 단순하기 때문이다. 교회는 교회답게 빌딩은 빌딩답게 짓는다. 미술관, 뮤지엄은 또 그렇게 대부분 용도를 짐작케 하는 단순한 형태이다. 복잡하지가 않다.

뉴욕은 고층건물과 큰 빌딩이 많지만 간판이 별로 눈에 안 띈다. 서울과 같이 건물 옥상에 설치된 엄청난 전광판도 없다. 대형구호와 붉은 글씨로 위압감을 주는 중국식 간판도 없다. 작고 귀엽기는 하지만 건물을 도배한 동경의 간판이나, 특색 없고 정신없이 설치된 간판들이 많은 서울과도 다르다. 가장 번화한 타임스퀘어에 가야 화려한 전광판들을 볼 수 있다.

대부분의 건물은 작은 글씨로 주소와 회사명 정도만 표시하고 그나마 번호로 주소만 나와 있는 건물들이 태반이다. 거리의 모습은 의외로 단순하다. 화려한 뉴욕이 복잡할 것이라는 기대는 뉴욕에서 생활해 보면 사라진다. 맨해튼이 시작되었던 곳인 LOWER MANHATTAN에 가보면 약간 시골스러운 느낌마저 풍긴다. 단순함이 주는 뉴욕의 매력이다. 센트럴파크 속으로 한참 들어가면 여기가 뉴욕인지 숲이 많은 뉴저지 어느 동네인지 구분이 안 간다.

단순함은 그냥 얻어지지 않는다. 더 중요한 것을 위해 덜 중요한 것을 버릴 수 있는 고도의 집중력을 요한다. 그래서 단순함은 말처럼 단순하지가 않다.

단순함의 어려움을 잘 설명하고 있는 마크 트웨인의 일화가 있다.
한 잡지사에서 트웨인에게 3p분량 꽁트를 3일 내에 만들어 달라고 했다." 30p는 3일내에 만들 수 있지만 3p는 30일이 걸립니다"

길게 장황하게는 아무나 할 수 있다. 그러나 단순하게 만드는 것은 아무나 할 수 없다. 고도의 집중력과 역량이 필요하기 때문이다.

뉴욕의 단순함은 그래서 더욱 아름답다.

미국이라는 멜팅 팟

뉴욕 거주자 중에서 뉴욕에서 자라고 태어난 사람들 비율은 20%가 안 된다고 한다. 대부분 미국 내 다른 지역 또는 다른 나라에서 온 사람들이다. 미국 중서부와 남부가 전통 백인 또는 흑인들이 다수를 이루는 데 비해 뉴욕은 압도적으로 히스패닉을 비롯한 다양한 인종 전시장이라고 할 수 있다. 오히려 백인은 소수이다.

미국을 흔히들 MELTING POT(**멜팅 팟**)이라고 한다. 다양한 인종들이 용광로처럼 혼합된다는 뜻이다. 그러나 단순히 혼합된다는 것만으로는 부족하다. 단순히 혼합된 나라들은 미국만이 아니기 때문이다. 정도의 차이는 있지만 침략과 전쟁, 이민 등으로 많은 나라들이 원하든 원하지 않든 일정 부분 MELTING(섞임) 된 것이 인류의 역사이다. 한국, 일본처럼 단일민족을 강조하는 나라도 있지만 더 황당한 것은 99%가 한족이라고 우기는 중국인이다. 우즈베키스탄은 132개 인종이 모여 섞인 나라이다. 이런 예는 얼마든지 더 있다. 문제는 섞인 후에 어떤 모습을 보이느냐이다.

남미도 인종이 섞였다. 그러나 오랜 시간 독재와 인권탄압, 경제파탄 등으로 많은 사람들이 미국으로 향했다. 섞였지만 그 전보다 더 나아지지 않았다. 미국도 원재료는 크게 다르지 않았다. 사람의 개인적 차이는 그리 크지 않기 때문이다. 그런데 계속 발전에 발전을 거듭했다. 시장 경제와 자유민주주의가 꽃을 피웠다. 중국, 러시아를 비롯한 많은 나라 사람들이 미국으로 몰려가고 있다.

왜 이런 차이가 발생할까?

같은 나라 사람인데 미국으로 간 사람과 다른 나라로 갔었던 사람 사이에 왜 이런 차이가 발생할까? 멜팅팟이 어떤 틀(FRAME)에서 주조되느냐에 따라 그 결과는 엄청나게 달라진다.

결국, 틀의 문제이다. 틀은 다른 말로 시스템이라고 할 수 있다. 뉴욕은 전 세계 사람들이 다 모여든다. 반드시 우수하고 선량한 사람들만 오는 것은 아닐 것이다. 뉴욕에 오면 자신이 세계의 중심에 와 있는 것 같은 느낌이 든다. 자신이 뉴욕이라는 FRAME(틀)에 의해 만들어지고 있음을 알게 된다.

자신이 스스로 발전해 가고 있다는 느낌을 주는 도시, 세계의 중심에 있다는 자부심을 만들어 가는 도시, 뉴욕의 힘이다.

엠파이어 스테이트 빌딩과 맨해튼 전경

미니멀, 비워서 아름다운 도시

성당과 교회 그리고 깊은 산속 사찰의 공통점이 있다. 고색창연한 고딕식 교회와 성당 속에 들어가면 텅 빈 공간이 있다. 고찰도 비슷하나. 교회와 성당들이 우리에게 주는 선물은 텅 빈 공간의 아름다움이다. 항상 무엇인가를 소유하고 채우려고만 하는 인간들에게 텅 비어 있는 공간이 주는 침묵과 여유 그리고 성찰이다.

뉴욕은 세계에서 제일 비싼 땅이지만 의외로 빈 공간이 많다. 교회와 성당이 맨해튼 곳곳 요지에 자리 잡고 있다. 수많은 크고 작은 공원과 맨 땅 농구장, 벽치기 테니스 코트 그리고 묘지들이 맨해튼 곳곳에 있다.

세계의 옥상으로 불리는 맨해튼은 건물들 모두가 비싼 상업용으로 보이지만 그렇지 않다. 그 비싼 땅에 **공익적 목적을 위한 공간들이 즐비**하다. 기차역, 공공도서관, 우체국, 뮤지엄, 박물관, 미술관, 학교 등을 합하면 공공이 이용할 수 있는 공간이 엄청난 비중을 차지한다.

바쁘고 힘든 뉴요커들에게 이러한 공간들은 삶의 여유와 숨 쉴 틈을 준다, 그래서 다시금 활력을 얻고 삶의 희망을 이어가게 한다. 또한 반복되는 일상성에서 벗어나 새로운 아이디어로 좀 더 나은 세상을 만들어 가는 데 도움을 준다.

서울에서 늘 보는 빈틈없이 들어찬 아파트, 건물과 도로들은 모두 숨 막히는 생존경쟁을 상징한다.

뉴욕은 세계의 경제수도이자 가장 상업적으로 발전한 곳이다. 그러나 **여유와 품격을 지닌 도시**이기도 하다. 도시의 품격은 비상업적 공간을 얼마나 확보하느냐에 달려 있기도 하다. 뉴욕의 품격은 치열한 삶을 잠시 내려놓을 수 있는 여유와 숨 쉴 공간이 넉넉하기 때문에 더욱 빛난다.

뉴욕의 열린 공간! 많은 것을 시사한다.

우리도 이제는 공간이 주는 의미와 가치를 새겨야 할 때가 되었다.

뉴욕의 공원

지치지 않는 도시 뉴욕

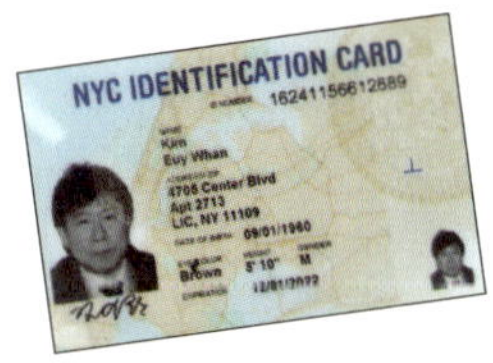

드디어 오늘 NYC ID(뉴욕 시민증, 사진)을 획득했다. 신청 절차가 다소 복잡했지만 국적에 관계없이 뉴욕에 주소가 있고 여권이 있으면 외국인도 신청이 가능하다.

뉴욕은 콘텐츠도 무한하게 만들어 내지만 그것의 활용에도 폐쇄적이지 않고 열려 있었다. 관심 있고 도전하려는 사람에게는 더할 나위 없는 곳이다.

뉴욕 시민증이 있으면 뉴욕시내 22개 미술관, 박물관들을 1년간 무료로 입장할 수 있다. 가장 좋아하는 곳들인 모마(W53가), 링컨센터에 있는 뉴욕 시티 발레단 (W63가), 메트로폴리탄 뮤지엄(E83가)을 포함해서…

근무지인 유엔이 동쪽 끝 45가라서 제일 가까운 모마도 서쪽으로 6블록 북쪽으로 8블록 합계 14블록을 가야한다. 왕복 28블록이다. 가장 멀리 있는 83가 메트로폴리탄은 남북으로만 76블록을 걸어야 한다. 주말, 출장 등 제외하고 맨해튼으로 출근한 날은 매일 하루에 최소 30블록 이상 걸었다. 30블록은 걸음이 빠른 편인 나로서도 2시간가량 걸어야 하는 거리이다. 많이 걷게 되는 날은 70~80블록, 그런 날은 야근이다. 밤늦게까지 사무실에서 일하는 날이다. 그래도 피곤한 줄 몰랐다. 정확하게는 피곤할 틈이 없다. 맨해튼의 곳곳을 보고 살피고 느끼고 분석하느라고 바빴기 때문이다. 뉴욕은 피곤함이란 단어가 어울리지 않는다. 역동적인 도시이기 때문이다.

이렇게 낮에 걷고 저녁에 일할 수 있는 것은 UNDP의 유연한 조직문화 덕분이다. 하루 근무시간인 8시간을 지키면 되고 낮에 근무하든 밤에 근무하든 상관하지 않는다. 불시에 회의를 하거나 쓸데없이 찾는 사람이 없어 얼마든지 근무시간을 조절할 수 있다.

뉴욕시민증 덕분에 서너 차례 참석했던 뉴욕시티발레단 리허설. 세계 최고 수준의 발레와 설명을 무료로 보고 들을 수 있었다.

뉴욕의 탁월한 선택 센트럴팍

공원은 북쪽으로 110가(West 110th Street), 남쪽으로 59가(West 59th Street), 서쪽으로 센트럴팍 서쪽(Central Park West) 동쪽으로 5가(Fifth Avenue)에 접해있다. 또한 공원 주변 건물들의 모습이 아름다운 것으로 유명하다. 면적은 3.41km²(1,031,525 평)이며, 1857년에 오픈하였다. 방문객은 연간 37,500,000명[38].

뿐만 아니라 공원 내에 외부 원형 노천극장이 있어 여름마다 셰익스피어축제가 열린다. 공원은 아이들의 놀이터가 될 뿐만 아니라 운동경기를 위해서도 유용한 공간이다. 철새들이 쉬며 머물고 가는 곳이기도 해서 조류 연구자들이 자주 이 공원을 찾는다고 한다. 공원 주위의 10km 내외는 산책을 즐기는 사람들로 붐비며 자전거를 타거나 인라인 스케이트를 타는 이들로 붐빈다.

도시는 무엇이라고 말할 수 있을까? 사람들이 많이 모여 사는 곳이다. 그러나 사람들이 단순히 모여 있기만 한다면 그것은 수용소와 같을 것이다. 일상에 지친 사람들이 재충전을 통해 활력을 찾고 상상력으로 새로운 가능성을 창조해 낼 수 있는 곳을 진정한 도시라고 부를 수 있지 않을까? 뉴욕(맨해튼)은 그래서 진정한 도시라고 부를 수 있다. 이번 주는 점심시간마다 거의 매번 센트럴 파크를 갔다. 2시간여 동안 다리가 아플 때까지 걷고 보고 또 보고 걸었다. 비슷

38) 나무위키 백과

한 공원 풍경이지만 여러 번 갔어도 지루하지 않았다. 공원이 왜 중요한지 왜 도시인들에게 공원이 허파의 역할을 하고 있다는 것을 센트럴팍을 통해 비로소 느낄 수 있었다. 누구나 휴식이 가능하도록 설계된 공원, 그해서 모두가 밝은 표정으로 여유, 휴식을 즐긴다. 센트럴팍을 1시간만 걸어도 머리가 맑아지고 살아 있다는 것에 대한 감사가 우러나온다. 서울에 살 때는 공원의 중요성을 몰랐다. 뉴욕의 공원들처럼 접근성, 쾌적함을 갖춘 공원다운 공원이 없기 때문일 것이다.

나는 원래 사진 찍는 것을 싫어한다. 특히나 중국 발 미세먼지로 희뿌연 서울에서 사진을 찍고 싶은 마음은 전혀 없었다. 그런데 센트럴팍에서는 무수히 사진을 찍었다. 스마트폰 배터리가 없어질 때까지… 3년 넘게 살았던 세종시 역시 내 손으로 찍은 사진은 단 한 장도 없다. 온통 아파트와 공사판뿐이라 찍을 대상도 없고 찍고 싶지도 않았다.

1857년에 개원하여 오늘날에 이르고 있는 센트럴팍을 단 한 번만 가보았다면 그리고 제대로 살펴봤다면 100% 계획도시인 세종시가 그렇게 설계되고 기획될 수는 없었을 것이다. 세종시의 위치는 논외로 하고 맨해튼과 세종시의 가장 큰 차이는 공원의 위치이다. 센트럴팍은 사람들이 가장 많이 활동하는 도심의 한가운데에 위치한다. **공원이 도시의 중심인** 셈이다.

어느 방향에서든 공원으로 진입이 가능하고 늘 공원과 함께 생활한다. 점심시간에 샌드위치 하나 들고 깊은 산 속 같은 사색이 가능하고 머리를 정화시킬 수 있다. 세종시는 공원 대신 콘크리트가 중심이다. 정부청사와 겹겹이 둘러쌓인 성곽 같은 아파트의 숲 사이로 실개천에 의지해 사람들은 가쁜 숨을 몰아 쉴 수밖에 없다. 청사 안쪽공간은 주차장으로 발 디딜 틈도 없다.[39] 지금이라도 청사 안쪽 부지를 모두 공원화하고 지하 주차장을 만들어 녹지를 확보해야 한다. 숨 쉴 공간이 있어야 한다. 사람도 새들도….

39)2019년 귀국해서 세종시를 다시 가보니 공터였던 주차장에 또 건물을 짓는 공사를 하고 있었다. 세계 건물 공사 경진대회장이 세종시이다.

깊은 산속 같은 센트럴팍, 계절에 관계없이 늘 아름답고 활력을 주는 센트럴팍

미소 짓게 만드는 도시, 뉴욕!

왜 뉴욕은 불법주차가 없을까?
뉴요커들은 준법정신이 투철해서?

No. 틀렸다.
정답 : 경찰이 철저하게 단속!

우리 경차 반 토막 정도 되는 귀여운 주차단속 차량 수십 대가 밤낮으로 뉴욕 거리를 24시간 365일 두 눈을 부릅뜨고 단속한다. 일단 걸리면 엄청난 벌금 부과, 운 나쁘면 견인까지 당한다. 이러한 단속을 충분히 학습한 뉴요커들은 온순한 양처럼 30분에 5만원이 넘는 살인적 주차비를 내고 주차 빌딩 또는 노상에 유료 주차한다. 주차단속에 항의하는 것은 뉴욕(미국)에서는 상상할 수 없다. 공권력에 저항한다는 발상 자체가 어렵다. 학습의 힘이다.

뉴욕경찰의 주차단속용 경차, 미국에 이런 작은 경차가 있다는 사실이 놀라웠다.

오늘 일본 식품점에서 재미있는 모습을 보았다. 어디든 일본 관련 식당, 상점은 기본적으로 친절하고 정성스럽다. 뉴욕의 살인적 물가 속에서 버텨야 하기에 나는 가장 싼 5불짜리 김밥 도시락[40]을 산다. 그러나 500$ 짜리나 5$ 짜리나 똑같이 젓가락, 냅킨, 간장 종지까지 챙겨준다. 영수증은 두 손으로 준다. 아무리 비싼 미국식당(중국, 한국포함)에 가도 영수증을 두 손으로 주지는 않는다.

오늘은 일본 가게에 일본 점원이 없고 미국인 점원 두 명이 있었다. 행동은 섬세하지 못 했지만 놀랍게도 5불짜리 영수증을 두 손으로 공손히 내게 주었다.

일본인 주인에게서 배운 학습의 힘이다.

어제 일간지에서 주말마다 KTX를 부부동반으로 타는 모교수가 쓴 글을 읽었다. 외국 어디보다도 우리 KTX가 편하고 좋은 데 탈 때마다 기차 내부를 자신의 안방이나 사무실처럼 떠드는 사람, 창밖을 좀 보려하면 사전 양해도 없이 창 가리개 내리는 사람, 자기가 먹다 남은 음식물 그대로 두고 내리는 사람들로 너무 힘들다는 요지였다.
전 세계 인종이란 인종은 다 모였고 관광객 수 만큼(조금 과장하면) 거지가 많은 뉴욕. 그러나 그 복잡한 42가 그랜드 센트럴 역, 엄청난 크기의 역사 출입구 문짝을 앞사람이 뒷사람을 위해 문을 잡아주는 뉴욕 사람들, 엘리베이터 안에서도 먼저 탄 사람이 먼저 내리도록 배려하는 사람들, 어디에 가도 다른 사람을 배려하는 모습들…

40) 김밥 5개 들어 있음. 먹어도 배고픔

돈이 많다고 땅덩어리가 크다고 인구가 많다고 선진국이 아니다. 매너와 배려가 없으면 일류가 될 수 없다.

오늘 출근길에 목격했던 광경이다. 유치원(KINDER) 다니는 4살짜리 꼬맹이들이 자기 몸의 2배 되는 안전복을 걸치고 도로에서 교통법규 지키는 훈련하는 모습 보며 내 입가에 미소가 계속 이어졌다. 저 4살짜리가 90살이 될 때까지 법을 잘 지킬 것이라는 확신이 들었다. 미소를 짓게 만드는 도시, 뉴욕이다.

뉴욕은 왜 사람들이 모여들까?, 두 번째 생각

내가 발로 뛰며 찾아낸 정답은? 살기 편하기 때문

24시간 지하철 운행

100년[41] 넘어 지저분하고 냄새나고 여름에 에어컨도 없는 찜통 승강장이지만 어떻든 24시간 움직인다. 수시로 안 오기도 하지만 반드시 셔틀버스 등 대체 수단이 마련된다. 아무리 깨끗해도 밤 11시 넘으면 끊어지는 서울과는 다르다.

길거리 와이파이

IT 강국이라는 우리나라는 대부분 건물에 들어가야 와이파이가 된다. 뉴욕은 건물 내에서는 안 되는 곳도 있지만 기본적으로 길거리에 엄청난 와이파이[42]가 설치되어 있다. 그래서 나는 뉴욕에서는 집에 인터넷, 전화, TV 없이 살고 한국서 쓰던 스마트 폰도 여기서는 통신사 연결 없이 와이파이로만 사용한다. 인터넷과 메일 체크하려고 집에서 길거리로 나오는 게 조금 귀찮지만 운동 삼아 나온다. 한국시간 맞춰 뉴욕시간으로 새벽 1~2시 슬리퍼 신고 거리로 나와 어슬렁거리면 영락없는 뉴욕 홈리스(노숙자)가 된다.

---

41) 뉴욕 지하철은 1904년 10.27 개통했다.
42) 사진참조. 커다란 통에 와이파이, USB 커넥터, 긴급전화 등 설치. 수퍼 와이파이라고 부른다.

필자가 살고 있는 동네 거리의 와이파이 시설. 밤 늦게 여기를 어슬렁거리면 노숙자처럼 보인다.

길거리 곳곳에 벤치가 있어 사람들이 쉴 수 있다.

모르는 사람과도 대화가 가능하다. 뉴욕의 벤치는 수 많은 사람들을 서로 소통하게 만든다.

동네 곳곳에 벽치기 할 수 있게 테니스 코트가 있다.

땅값이 엄청나게 비싼 뉴욕이지만 곳곳에 테니스 벽치기, 코트가 있다. 주민이면 누구나 이용할 수 있다. 2011년 부패방지위원회 국장시절에 전국 아파트단지 안에 있는 테니스 코트를 전수 조사한 적이 있다. 아파트마다 가입비를 받아 회원들만 독점적으로 사용하고 주민들은 사용할 수 없었다. 아파트 주민 누구나 사용할 수 있어야 하는데 우리 현실은 그렇지 못한 것이다.

공공 코트가 설치되어 있는 한강 고수부지까지 가기도 힘들고 아파트 단지 내에서 테니스 치는 모습을 좀 보려면 테니스 코트가 모조리 시퍼런 녹색 펜스로 가려서 보이지도 않는다. 뉴욕의 테니스 코트들은 지나가는 모든 사람들이 볼 수 있게 오픈되어 있다. 내가 벽치기하고 있으면 꼬맹이들이 신기하게 쳐다본다.

어릴 때부터 자연스럽게 운동과 친한 구조이다. 회원가입 등 그런 상업 안내문이 없다. 더 놀라운 건 아파트 벽을 사이에 두고 벽치기를 하는데도 그 벽 바로 뒤에 살고 있는 아파트 주민들의 민원이 없다. 모두들 스포츠는 삶의 일부라고 생각하는 모양이다.

뉴욕 살면서 가장 자주 다닌 곳 중의 하나였던 동네 벽치기 테니스 코트.
친구들도 사귈 수 있었고 이웃들과 대화의 장소이기도 했다.

얇은 지갑도 열게 만드는 저렴한 명품이 즐비하다

신발, 옷, 가방 등 발품 팔면 엄청나게 싸다. 내가 유일하게 좋아하는 물건이 선글라스[43]인데 저렴하게 구입했다.

---

43) 지하철타고 플러싱 몰 가서 산 "휴고보스" 선글라스 정가 220불인데 49불에 샀다. made in Italy!

뉴욕에서 바라본 각국 사람들의 특징

뉴욕의 가장 큰 특징 중의 하나가 인종과 출신 국가가 다양한 것이라고 앞에서 말했다. 뉴욕에서 보고 느낀 인종(국가)별로 간단한 특징을 말해 본다. 물론 일반화는 곤란하고 내 개인적 느낌, 견해이다.

현재 뉴욕시 인구는 38%가 이민자이며 노동력(WORKFORCE)의 45%가 이민자이다.[44] 흑인인구 비중이 높다는 사실을 고려하면 백인은 뉴욕 전체인구의 40% 정도로 추정된다. 인종, 지역별 출신들의 특징을 살펴보기로 한다.

- **아프리카 흑인** : 모두 표정이 밝다. UN본부 회의 참석하러 오는 정부대표 또는 외교관들은 모두 한여름에도 넥타이에 검은 정장이 기본이다. 그들은 뉴욕이 덥지가 않은 모양이다. 보통 흑인들은 길거리에서 북을 두드리거나 음악 연주를 많이 한다.

- **미국 흑인** : 인상들은 정말 살벌하다. 그러나 일단 말을 붙이면 대부분 진심으로 도와준다. 모르는 사람들끼리도 만나면 큰 소리로 얘기하며 잘 웃는다. 지하철에서 대부분 말이 없고 음악 듣고 있고 심각한 철학자 같은 표정이다. 난 그래도 그들이 왠지 좋다! 인간미가 느껴지기 때문이다.

44) 2018 위키피디아

· **서유럽, 북유럽** : 모두 나이스 하지만 기본적으로 차갑다. 말 붙이기가 꺼려진다.

· **미국 백인** : 밝고 당당하다. 먼저 인사하는 유일한 인종이다. 누구에게든 거리낌이 없다. 겉으로만 보면 인종차별을 하지 않을 사람들로 보인다.

· **중남미** : 많은 나라 사람들이 내일을 위해 열심히 산다. 일과 삶이 고되지만 낙천적이고 잘 웃는다. 얼굴에는 미국에 산다는 자부심과 희망이 보인다. 심야 음식 택배의 거의 100%를 차지하고 있다.

· **멕시코** : 매우 부지런하며 낮이고 밤이고 일한다. 서서히 잠재력을 보이고 있으며 급속도로 증가하고 있는 인구를 바탕으로 원래 자신들의 땅이던 텍사스, 유타, 애리조나, 캘리포니아 등 광대한 영토를 되찾고 향후 미국을 점령할 수도 있다.

· **아이티 등 카리비언(흑인)** : 인상이 좋고 친절하다. 순한 좋은 아저씨들이다. 내가 사는 아파트 수위도 아이티 사람인데 나와 너무 친하다.

· **에쿠와도르** : 내가 가는 아침 식당 쉐프다. 다부진 모습에 눈이 반짝인다. 한국인 친구가 있어 한국어도 꽤 잘하고 샌드위치를 잘 만든다.

· **러시아** : 뉴욕에 엄청나게 많다. 중국인 만큼 많아 보인다. 몸집이 크고 표정이 밝지 않다.

· **인도** : 어디에나 있다. 영어를 자유롭게 구사해서 미국사회 곳곳에 진출해 있다.

· **필리핀** : 영어를 잘 해서인지 뉴욕에도 꽤 많다. 대부분 사람들이 순하고 좋다. 한국을 아주 좋게 생각한다.

· **프랑스** : UN에는 엄청 많다. 과거의 영광은 많이 퇴색했지만 프랑스어가 국제 공용어라는 자부심으로 가득하다. 그러나 UN 밖으로 나가면 맨해튼에는 별로 눈에 안 뜨인다.

· **독일** : 일본처럼 잘 안 보인다. 등치가 워낙 커서 눈에 띌만한데도 잘 안 보인다. 트럼프 조상이 독일이라고 하는데 거짓말 같다. 독일인이 그렇게 거짓말 잘하고 시끄러운 사람은 없다.

· **영국** : 망해도 몇십 년 간다더니 세계를 지배하던 외교력은 DNA로 전해 오는 모양이다. 특유의 BRITISH 액센트로 친근하게 다가온다. 영국인이 무뚝뚝하다는 건 틀린 말이다. 외교적 친절로 보일 수도 있지만 항시 먼저 인사하고 많은 사람들에게 긍정적으로 어필한다. 세계 최고의 전통과 외교력은 지금도 강력하게 살아 있다.

· **아일랜드** : 한국인과 다소 비슷하긴 하지만 다르다. 술을 좋아한다. 세련된 영국인에 비하면 많이 비교된다. 속에 보석이 있어도 표현이 중요함을 아일랜드 사람들을 통해 알 수 있다.

· **그리스** : 경제는 어려워도 서구 문명 원조의 자부심과 여유가 느껴진다. 지중해식, 그리스 음식은 뉴욕에서도 당연히 최고인기다. 돈이 전부가 아님을 그리스가 말해 준다.

· **아랍** : 전반적으로 폐쇄적이다. 여자들은 머리부터 온몸을 다 뒤집어써서 뭘 물어보기도 어렵다.

· **이태리** : 세계를 이끌었던 조상들인 로마인에 비해 다소 부족해 보인다. 뉴욕 곳곳에 식당들을 점령하고 있으나 분위기는 대부분 칙칙하고 마피아를 연상시킨다. 튀어나온 거대한 배를 내밀고 다니는 사람들이 많다. 실제로 뉴욕 인근과 뉴저지의 이태리 지역이 부패가 제일 심하다.

· **중국** : 대부분의 사람들 표정이 약간 화가 나 있는 듯하다. 차이나타운은 어디나 예외 없이 지저분하고 소란하다.

· **일본** : 어디서나 열심히 한다. 약간은 겁먹은 듯한 표정이 많고 남녀를 막론하고 수줍어한다. 뻔뻔함이 느껴지지 않는다. 그런 모습을 보면 2차대전 중에 그렇게 잔인한 악행을 저질렀던 사람들이라고는 믿어지지 않는다.

· **한국** : 화끈하다. 차이나타운, 리틀 이태리 등을 압도한다. Korean Wave라고 명명된 32가 전체를 관통하는 뜨거움을 발산한다. 세련되고 밝다. 젊은이들이 가장 많이 몰린다. 중국인들도 자신들이 속해 있는 차이나타운보다 코리아타운에 너무 많이 몰리는 게 문제다. 그들도 좋은 것은 알아보니까 말이다!

뉴욕 속 일본

한국에서 지라시는 대체로 루머성 소식, 음해 성격의 정보 등으로 알려져 있으며 긍정적인 이미지가 아니다. 맨해튼에서는 찌라시가 당당하게 최고급 일식당의 알카르테 메뉴로 자리 잡고 있다. 사시미 재료의 일부를 잘라 덥밥 형태로 판다. 가격도 만만찮다. 그런데 다른 메뉴에 비해 오히려 실하고 먹고 나면 든든하다.

UN본부 구내에 샐러드 바가 있다. 가격도 적당해서 가끔 이용한다. 오늘같이 더운 날은 시원한 구내가 최고다. UN 구내 카페테리아 메뉴 중에 유일하게 직원이 음식을 직접 주문받아 그 자리에서 판매하는 것이 일식이다. 대부분은 샌드위치나 샐러드 등 이미 만들어진 것들을 판매한다. 이곳의 일식 메뉴 중 내가 즐겨먹는 것이 바로 지라시다. 가격도 일식당의 거의 1/2~1/3수준이고 요리사가 직접 그 자리에서 만들어서 신선하다.

먹을 때마다 어째서 193개 UN회원국 중 일본만 이렇게 구내 카페테리아에 자신들의 요리사가 조리하는 음식을 만들어 팔 수 있을까 하는 생각을 해 봤다. 유엔이 위치한 42가에서 45가 사이에 유독 크고 작은 일식당이 많고 45가에 대형 일본 전통제품 판매점이 있고 한 두 블록 위에는 록펠러 3세가 기증한 일본문화센터가 자리 잡고 있다. 마치 이스트 강을 뒤로하는 유엔본부를 일본이 3면에서 포위하는 듯한 형국이다.

UN본부 1층 로비는 매일같이 그림, 조각, UN 관련 등 수많은 내용의 전시가 이루어진다. UN 회원국 외교관은 물론 수도 셀 수 없는 방문객들이 그 전시를 보게 된다.

내가 유엔에 온 지 열 달이 넘어가지만 안타깝게도 한국 관련 전시는 보지 못했다. 로비에서 정문 쪽을 바라보면 일본이 기증한 문화재가 눈에 들어온다. 로비에 있는 모든 사람의 시선이 모이는 곳에 위치하고 있다.

소리 없이 스며드는 가랑비처럼 뉴욕을 적셔가는 일본, 엄청난 양으로 밀어붙이는 중국, 이미 세계적 음식이 된 태국, 베트남은 이미 뉴욕에서도 확고한 그들만의 위치를 확보하고 있다. 뉴욕은 전 세계 음식의 경연장이라고 해도 과언이 아니다. 건강식이면서도 최고 수준의 맛과 다양함을 지닌 우리 한식은 아직 인지도가 높지 않다. 센트럴팍, 브라이언팍, 배터리팍, 코로나 팍 등 수많은 뉴욕의 팍을 거닐 때마다 우리 한식이 이런 공원에서 잘 기획된 행사를 한다면 수많은 외국인의 입맛을 사로잡을 수 있을 텐데 하는 아쉬움이 항상 남는다.

지라시까지도 정식 메뉴로 맨해튼 곳곳에서 팔고 있는 일본에 비해 우리는 32가 K타운에서만 북적거린다. 우리가 가진 역량과 콘텐츠에 비해 우리는 세계를 향한 세일즈가 부족하다. 세계인의 삶속으로 파고드는 K (코리아) 전략이 아쉽다. 늘 주장하지만 우리는 우리가 얼마나 대단한 나라인지를 스스로 모르고 있다.

세상은 거창하고 무거운 이야기보다는 음식이나 와인처럼 재미있고 부담 없는 주제에 더 흥미를 느끼기 때문이다. 우리 젊은이들이 특유의 끼와 발랄함으로 한국의 매력을 지속적으로 발산하여 세계 최고 건강식 한식이 맨해튼을 달구는 그런 날이 오기를 고대해 본다.

뉴욕 속의 일본, 두 번째 생각

지라시 셋트 vs 한국 깻잎 통조림

직원이 있는 코너가 일식 · 샌드위치 두 군데 있다. 일식 판매직원은 정통 일본 의상 입고 단정하고 깔끔하다. 그런데 셰프가 일본인답지 않게 무뚝뚝해서 물어봤더니 "중국인"이라고 해서 깜짝 놀랐다. 중국의 상술은 상상을 초월한다. 일본 복장으로 일본식당에서 일하고 있는 주방장과 그 보조를 중국인이라고 누가 생각할 수 있을까! 일회용이지만 일본 지라시 세트에는 얼핏 봐서는 보이지 않지만 그릇 곳곳에 일본 전통문양이 그려져 있다. 그릇 상단에는 조그맣게 Japanese 라고 새겨져 있다. 이에 반해 우리 깻잎 통조림(사진)은 보기만 해도 넘 푸근하고 인정이 뚝뚝 흐른다. 그러나 눈에 들어오는 어디를 봐도 코리아라는 건 없다. 일본인지 중국인지 베트남인지 알 수 없다. 힘들게 뒤집기 하면 (먹은 후는 국물 때문에 불가능하다) 바닥에 Korea 표시가 한 개 나온다. 캘리포니아에서 생산, 미국 현지 판매라는 글씨가 작게 새겨져 있다. 미소 국물 통을 위에서 찍고 또 뒤집어 찍고 다시 찍고… 옆에서 점심 먹고 있던 유엔직원들이 이상한 듯 쳐다본다. 미소국과 깻잎을 보면 유도의 굳히기와 한판이 생각난다. 높은 인지도에도 불구하고 또 다시 확실한 위치에 또 도장 찍는 일본. 이에 비해 아무런 전략도 없지만 한 순간 역전시키는 한국. 일본의 ~함씨 3형제[45] 는 우리에게 없지만 일본이 결코 만만하게 여길 수 없는 저력의 한국이다.

---

45) 성실함, 철저함 그리고 치밀함

UN본부 카페테리아에서 판매하는 일본 지라시 세트($15.00)와 미소 국물($5.00). 양은 너무 적지만 2개 가격이 2만원이 넘는다. 한국산 깻잎 통조림은 양도 많고 값도 싸다.

45가의 일본 전통 상품 판매점

가게 이름이 상호교역센터[46] 인데 일본 음식 관련 도구들을 판매하고 있다. 맨해튼에 즐비한 일식당에서 드시고 관심 있으면 일식 조리법을 배우라는 의미이다. 맨해튼 한복판에 일본 음식 조리 도구를 팔기 위해 대규모 샵을 운영하고 있는 일본의 전력에 놀라움을 금치 못했다. 맨해튼, 뉴욕을 파고드는 일본, 일본인들이다.

46) Mutual Trading Center Japanese Culinary Shop

다시 생각해본 서울과 뉴욕, 결국은 사람이다

작년 12월 병원에서 검사 받느라 서울 다녀온 이후 7개월 만에 다시 찾은 서울이지만 늘 뉴욕을 관찰하던 버릇이 새로 생겨 서울도 새롭게 보였다.

뉴욕과 다른 서울의 모습을 몇 가지 살펴본다.

· 지하철에서 냄새(지린내)가 안 나서 좋았다.

· 길거리 다니는 사람들의 종류가 한 가지라는 점이 신기했다. 서울이 노인이 많은 것도 뉴욕과 다르지만 수십 종류의 사람들로 뒤섞인 곳에서 갑자기 한 종류 한국인만 있는 곳으로 나오니 정신이 차분해진다. 그러나 조금 있으니 약간 지루해진다.

· 예약에만 1주 이상 걸리고 치료는 다른 곳에서 또 별도로 예약해야 하는 뉴욕에 비해 현대 아산병원조차 당일(1시간 정도 대기)진료와 검사가 모두 끝나는 서울! 서울 시내 전문외과 병원에 가서 사정을 말하니 다음날 수술도 가능하다는 말에 경악했다. 뉴욕은 비용은 서너 배 더 비싸고 의사도 인도나 방글라데시 출신을 만날 확률이 한국의 100배(한국은 없으니…)는 된다.

· 이상한 점은 뉴욕이 서울보다 복잡하고 정신이 더 없을 것 같은데도 오히려 그 반대라는 사실이다. 뉴욕은 인도가 넓고 불법 점유물과 시위대가 없어 걷는 것이 편하고 교통법규를 철저히 지키고 차 보다는 사람 위주로 도시가 움직이기 때문이다.

· 작년에 비해 서울의 식당이나 거리에 사람들이 줄어서 다소 썰렁한 느낌이 들었다. 바글바글하다 못해 넘쳐나는 뉴욕과 달랐다. 한국이 탈락한 탓도 있지만 월드컵 열기도 예년 같지 않다고 한다. 미국은 원래부터 미식축구의 나라이므로 월드컵은 크게 주목받지 못한다. 특히 이번에는 미국 팀이 아예 본선에 올라가지도 못해 방송에서는 별로 관심이 없다. 그러나 맨해튼 길거리마다 각양각색의 사람들로 월드컵을 응원한다. 내가 있는 유엔은 직원 출신 국가별로 응원 열기가 대단하다. 근무시간 중에도 경기가 있는 날은 공식적으로 응원을 하도록 컨퍼런스 룸을 사용할 수 있게 하였다. 러시아를 포함 월드컵 본선 진출팀 모두를 위한 응원전이 맨해튼 곳곳에서 펼쳐진다. 한국팀 경기가 없으면 응원이 사라지는 한국과는 다르다.

결국, 사람이다. 사람이 일단 많이 모이는 곳에는 무엇이든 일이 생긴다. 물론 범죄 등 부정적 결과도 나타난다. 그러나 끊임없이 사람들이 몰리는 뉴욕은 새로운 사람들과 그들이 만들어내는 새로움으로 부정적인 것들조차도 장점 속에 묻혀버리게 된다. 다양함과 융합이 빚어내는 힘이다.

뉴욕의 공무원, 지하철 공사 직원

미국의 공무원, 공공기관의 직원 행태에 대해 한국 사람은 이해할 수 없을 것이다. 특히 지하철은 그야말로 지하철 공사 직원이 왕이다. 비가 줄줄 새는 맨해튼 지하철 역사에서 세월 지하철이 오기만을 기다리는 뉴욕 시민은 차라리 애처롭기까지 하다.

뉴욕에서 정시에 지하철이 온다는 것은 상상하기 어렵다. 수시로 예고 없이 안 오기 때문에 하루 600만 명이 이용하는 지하철은 시민들의 상전이다. 나 역시 며칠 전 지하철이 오지 않아 20분 걸리는 거리를 한 시간 반 걸려서 갔던 적이 있다.

증명서를 한 장 떼려 해도 거의 반나절 줄을 서야 되고 우편으로 신청하면 2주 정도 걸린다.

한국인이 누리고 있는 공공서비스만 놓고 보면 대한민국은 지상낙원이다. 그러나 한국인 대부분은 세계 최고 수준의 행정서비스를 받고 있음에도 별로 고마워하지 않는다. 우리의 공공질서(공권력)에 대한 존중과 공중도덕 수준을 놓고 볼 때 국민이 행정으로부터 누리는 서비스 종류와 품질은 서유럽과 미국에 비해서 매우 높다. 그럼에도 불평과 불만은 여전하다. 이해하기 힘든 상황이다.

출퇴근 혼잡시에는 제대로 서 있을 공간도 없는 좁고 낡은 뉴욕 지하철이지만 불평하는 뉴요커를 별로 보지 못했다. 더구나 서로 먼저 타려고 아귀다툼하는 것을 본 적이 없다. 오히려 양보하는 모습은 많이 보았다. 뉴욕에 처음 왔을 때 우리와는 너무나 다른 모습에 충격 받았었던 뉴저지 사회복지 사무소에서 직접 겪었던 일화가 생각난다. "느려터진 말단 뚱보 공무원이 아무리 전화기를 오래 붙잡고 있어도 점잖은 백인 노신사는 그 공무원이 자기를 부를 때까지 기다린다."

이러한 차이는 어디서 시작되는 것인가?

일자리로 넘쳐나는 뉴욕

내가 사는 동네 LIC(Long Island City), 맨해튼 유엔 본부 쪽에서 바라보면 이스트 강 건너편이다. 원래 공장지대와 밀주 제조, 불법 자동차 판매 등이 행해지던 일종의 슬럼 지대였다. 그러나 끊임없이 뉴욕으로 몰려오는 사람들로 인해 이곳도 일종의 재개발을 통해 지금은 강변에 호화 아파트들이 즐비한 새로운 도시로 탈바꿈 하였다. 그런데 생활해 본 결과 맨해튼과는 지하철 1 정거장 거리이고 맨해튼까지 운항하는 운치 있는 페리보트도 있어서 대도시이지만 약간의 한적함이 동시에 느껴지는 살기 좋은 곳이라는 생각이 들었다. 이곳에 최근[47] 아마존의 제2본사가 입주하기로 결정되었다고 언론에 보도되었다. 미국·캐나다·멕시코의 238개 도시가 유치에 뛰어들었었다. 아마존은 현 본사가 있는 시애틀에 오피스 빌딩 33개동, 4만 명을 고용하고 있다. 이 덕분에 시애틀은 미국에서 가장 부자 도시 중의 하나가 되었다. 아마존은 앞으로 "LIC와 다른 한곳에 2조 5000억 원 씩 5조 원을 투자해 총 5만 개의 새 일자리를 만들 것"이라고 했다.

아마존은 사옥 유치 조건으로 인구 100만 명 이상의 도시, 안정적이고 친(親)기업적인 환경, 고학력 인력풀 등을 조건으로 제시했다. 만약 베이조스 아마존 CEO가 서울을 유치 후보 도시로 검토했다면

47) 2018년 롱아일랜드 시티에 입주키로 예정하였으나 뉴욕 내부 및 정치권 반대 등으로 결국 아마존 제2본사는 버지니아 알링턴과 테네시주 내슈빌로 확정 되었다.

그래서 우리 정부와 서울시가 아마존 사옥 부지를 거의 꽁짜 수준으로 제공하고 뉴욕처럼 3조원의 세제(稅制) 혜택을 주겠다고 했다면 다음과 같은 일들이 즉시 벌어지게 된다. 머리띠를 두른 민노총 수천 명이 거리로 쏟아져 나와 외국재벌 특혜반대를 외쳐 댈 것이다. 현대차는 2014년 당시 시가의 3배가 넘는 가격에 옛 한전 본사 부지매입 계약을 체결했음에도 수도권 정비심의에 막혀 지금껏 신사옥 착공조차 못하고 있다.

베이조스 CEO는 "민주노총에서도 강성인 화학, 섬유, 식품, 산별노조가 5만 명이 일할 서울 아마존사옥에 들어올 수 있다"는 실무진의 의견서를 받을 것이다. IT기업과 무관해 보이는 민노총 화섬식품 노조는 올해 네이버·카카오·넥슨 같은 IT기업에서 노조결성을 이끌어 냈다. 아마존처럼 계절을 타는 유통기업은 근로시간을 유연하게 조절할 탄력근로제가 필수다. 한국의 정치권이 이 기간을 현행 3개월에서 6개월 이상으로 늘리려 하자, 민주노총·한국노총은 대(對)정부투쟁을 선언했다. 주52시간을 어길 경우 최고경영자를 형사 처벌할 수 있는 것도 고개를 갸웃거리게 할 것이다. 대표이사까지 징역형에 처하는 나라는 한국을 제외하면 거의 없다.

코트라에 따르면 우리나라는 지난 해 국내 총생산 대비 외국인 투자 비율에서 경제협력 개발기구(OECD) 36개 회원국 중 35위였다. 서울시장이라는 자는 한 걸음 더 나아가 노조 결성률이 높아야 국가 경쟁력이 높아진다고 주장했다. 핀란드가 그렇다고 한다. 그러나 핀란드는 노키아가 망한 이후 유럽의 병자로 전락하였다.

2017년 4만 3천 건이던 시위 건수는 금년(2018년) 9월 이미 4만 9천 건이며 연말까지 6만 건에 육박할 전망이다. 1년 2개월 동안 뉴욕 살면서 채 10건도 안 되는 시위를 보았다. 대부분 인권탄압 하는 국가 대사관 앞에 가서 인권과 여성을 차별하지 말라는 일종의 건의 같은 것들이었다.

일자리는 제조업에서는 더 이상 만들어지지 않는다. 세계 모든 나라 공통이다. 의료, 유통, 호텔, 식당, 패션, 관광, 학교, 교육, 공연, 전시 및 갤러리 등 서비스 분야에서 일자리가 생긴다. 뉴욕의 일자리도 모두 이런 분야에서 만들어지고 있다. 공공의 이익을 위해 존재해야 할 공공기관들이 민노총에 포획되어 공공의 이익에 반하는 시대착오적인 정치투쟁을 일삼는다면 그런 공공기관은 공공기관이 아니다. 존재할 의미가 없다. 민노총의 숙주 역할을 하는 공공기관은 폐지되어야 한다.

아름답고 먹을 것 많고 안전하고 깨끗한 서울은 아마존을 비롯한 세계 글로벌 기업들이 가장 선호하는 도시임에 틀림없다. 인구 100만 명 이상의 도시, 안정적, 고학력 인력풀…그러나 단 한가지로 인해 서울은 불가능하다. 앞으로도 계속…

친(親)기업적인 환경! 생각만 바꿀 수 있다면 우리는 분명 세계의 중심에 자리할 수 있다.

세일이 세일다운 블랙프라이데이

미국은 Holiday Season 이라고 해서 11.22~23 Thanksgiving Day를 시작으로 11.30 Black Friday, 12월 크리스마스, 다음해 1월 중순까지 2달여간의 긴 휴가와 쇼핑의 시간이 계속된다. 이 시기는 뉴욕은 물론 미국 전역이 일 년 중 가장 기다려지고 설레이는 시기이기도 하다. 뉴욕도 거리와 건물들이 아름다운 장식과 화려한 조명으로 찬란해진다. 록펠러 센터의 크리스마스트리와 브라이언팍의 윈터 페스티벌이 특히 유명하다. 아름다운 거리와 함께 곳곳의 쇼핑몰들도 절정에 이른다.

나도 어제 부지런히 발품을 팔아 엄청나게 할인하는 옷과 가방 등 몇 가지를 구입하였다. FTA를 아무리 많이 체결해도 아직까지는 유통구조로 인해 세일에도 소비자 가격은 별로 차이가 없는 우리와는 달리 미국의 세일은 정말 제대로 하는 세일이다. 엄청나게 할인을 많이 한다. 역시 기축통화인 달러의 힘이다. 나는 미국에만 오면 늘 두 눈을 번쩍 뜬다. 좋은 물건을 왕창 싸게 사고 싶어서….

메트에서 다시 바라보는 대~한민국

뉴욕 메트 (METROPOLITAN MUSIUM)는 그 규모가 엄청나다. 이집트 피라밋부터 현대미술까지 조각, 공예, 장신구, 도자기, 건축물 그리고 회화(PAINTING) 까지 방대한 소장품을 자랑한다. 열 번 정도 메트를 갔지만 층마다 뭐가 있는지 모두 기억하고 있는 MoMA(현대미술관)과는 달리 엄청난 규모의 메트는 지금도 어디가 어딘지 늘 헤맨다. 내가 즐겨가는 전시장은 European Paintings(유럽 회화) & Modern and Contemporary Art(현대 및 추상미술) 두 곳인데 오늘은 중세와 중국, 서남아시아 동남아시아와 일본을 두루 돌아보았다. 한국관(Arts of Korea)는 작년 연말 처음 가 보았는데 초라하고 내용물도 빈약해 실망스러워 그 후로는 안 갔다.

작년 연말 이후 한국관은 내부 수리로 문을 닫아서(closed) 오히려 다행이라는 생각마저 들었다. 일본과 중국은 국력에 걸맞게 메트의 커다란 방들을 차지하고 자신들의 물건들을 가득 채우고 있었다. 그러나 규모와 양에 비해 깊은 감동은 주지 못한다. 온갖 종류의 살벌한 칼과 흉측한 사무라이 갑옷투구로 전시장을 가득채운 일본관을 보고 나면 섬칫하다. 과시욕과 열등감이 혼합된 듯한 중국관을 보고 나면 (보는 게 아니라 그냥 지나침) 거대한 물건들의 전시장이라는 느낌이 들었다.

일본과 중국으로 인해 피곤하고 지친 상태에서 한국관을 살펴보았더니 다시 오픈 한 상태였다. 가봐야 뻔할 것이라는 생각이 들었지만 처량하더라도 집에 간다는 심정으로 1년 만에 다시 찾았다. 전시장 규모는 중국의 1/10, 일본의 1/5 크기에도 미치지 못하였다. 고려시대부터 조선시대의 예술품들이 방 한 개에 진열되어 있었다. 그러나 기적처럼 한국관은 달라져 있었다.

삼성 이건희 회장의 기부금을 바탕으로 문화부가 한국국립박물관의 전시물들을 상당수 메트로 옮겨와서 전시중이라는 안내문이 붙어 있었다. 비록 규모와 물량 면에서는 초라했지만 한국관은 일본과 중국에 비해 격조가 있었다. 찬란한 상감청자의 고려자기와 은은한 조선시대 백자와 청화백자 단 두 종류만으로도 살벌하고 잔인한 일본, 무지막지한 중국의 전시물들을 뛰어 넘었다. 한국관은 일본과 중국 사이에서 존재감조차 없었던 지난번의 그 초라한 전시장이 아니었다. 비록 규모는 작았지만 삼성과 문화부의 지원에 힘입어 한국만의 은은함과 단순미 그리고 소박함이 가득한 명품전시관으로 변해 있었다. 특히 한국을 소개하는 안내문 내용에 더 큰 감동을 받았다. "Essential Korea, 5천년에 이르는 한국의 역사…, 중국의 영향을 받았으나 독자적으로 발전시켰고 일본에 막대한 영향을 미쳤다…."

나는 한동안 한국관에 혼자 앉아 있었다. 잠시 앉아있는 동안에도 고난과 시련으로 가득 찬 우리 역사가 떠올랐다. 메트의 전시장마저도 중국과 일본에 포위되어 있는 형국이었다. 가슴속에 뜨거운 눈물이 흘렀다. 연간 6만 여 건에 이르는 시위와 데모, "Hell 조선"

을 외치면서 한국의 부정적인 면만 끊임없이 부각시키는 사람들과 언론들….

그러나 대~한민국은 반드시 있어야 할 나라이다. 존재하는 그 자체만으로도 대한민국은 위대하다. 우리는 주변의 그 어떤 나라들도 괴롭힌 적이 없지만 중국과 일본, 러시아로부터 말로 표현하기 힘든 침략과 압박을 받아왔고, 그 엄혹한 시련의 역사 속에서도 수천 년 동안 결코 멸망하지 않고 오늘의 대한민국을 만들었다. 2차 대전 이후 독립한 100여 개 국가 중에서 유일하게 자유민주주의와 시장경제를 토대로 번영을 이루어낸 기적의 나라이다. 195개 UN 회원국 중에서 분담금 10~11위, 원조를 받던 나라에서 원조를 하는 나라로 바뀐 유일한 나라이다. 메트의 한구석, 작은 전시장, ARTS OF Korea(한국관). 작고 소박한 공간이지만 수많은 나라들에게 희망을 주는 소중한 공간이다.

❶ 메트 한국관
❷ 메트 한국관 표시
❸ 생각에 잠긴 필자

뉴욕을 떠나며

오늘이 뉴욕 UN근무 마지막 날이다. 1년 6개월 17일 근무. 짧았지만 치열하게 그리고 최선을 다했다. UNDP 내에서도 나이나 경력으로 보면 나는 가장 시니어 급이었다. 그러나 부하직원, 인턴 한 명 없는 P5 사무관으로 돌아가 11폰트 Calibri를 벗 삼아 침침한 눈 크게 뜨고 수도 없는 paper(문서), ppt(발표자료)를 만들었다. 열 번의 공식 UN 미션을 수행하며 내 조국 대한민국이 눈물겹도록 자랑스럽고 대단함을 절감한 것은 짧았지만 치열했던 내 UN 근무의 결론이다.

UN은 만만치 않았다. 지금도 알 수 없는 그들의 Rule(규칙)과 Procedure(절차)들로 스트레스를 받고 있다. 암호로 가득한 UN의 업무 용어들 BTOR, BTMS, COA, COB, ATLAS, DSA…1년 6개월은 UN을 파악하기에 너무 짧았지만 3년 근무하는 자보다도 더 열심히 노력했다. 살아남기 위해 그리고 Korea의 존재감을 보이기 위해…

1,000개도 넘는 메일, 50개도 넘는 페이퍼를 쓰면서도 영어가 늘지 않는다는 사실도 실감했다. 다른 자들의 글을 따라해 보려고 저장해둔 Best Mail만 100페이지 분량이다. UN에서의 소중한 경험과 함께 뉴욕에서 1년 6개월 살아 본 것도 내 인생의 큰 추억이다. 내게 주어진 짧은 기간을 감안 처음부터 시간을 아끼며 뉴욕을 보고 느끼기 위해 열심히 걸었다.

맨해튼 제일 남쪽 배터리팍에서 66가 링컨센터까지는 동서 할 것 없이 모든 Street, Avenue를 두 발로 걷고 보고 느꼈다. "이 도시는 왜 이리 찬란한가, 왜 사람들이 모이는가, 왜 아름다운가"걷고 보면서 늘 스스로 자문자답하곤 했다. 이스트 강, 허드슨 강을 가득 채운 수많은 출퇴근 보트, 유람선들은 수송 분담뿐만 아니라 아름다운 맨해튼 야경을 즐기게 해 준다. 외롭고 울적할 때면 2.75달러(지하철 가격과 동일) 주고 Long Island City Ferry Pier에서 Pier 11/Wall Street까지 페리보트를 타고 맨해튼과 브루클린 경치를 보곤 했다. 정말 장관이다. Spectacle, Fantastic이 이럴 때 쓰는 말일 것이다.

맨해튼은 복잡해 보이지만 아늑하고 아름다운 곳이다. 20m 마다 크고 작은 공원과 벤치들이 있고 곳곳에 공공도서관, 서점, 갤러리 그리고 카페들이 있어서 어디든 사람들이 쉴 수 있고 사람들로 가득하다. 그래서 뉴욕의 공기는 늘 뜨겁고 새롭다.

도로에 수백 개의 신호등[48]이 있어도 별로 불편함을 못 느끼게 한다. 맨해튼의 교통경찰은 단속이 목적이 아니라 교통소통을 위해 있다. 냄새나고 비가 새지만 24시간 365일 움직이는 뉴욕 지하철 덕분에 부지런히 다닐 수 있었다. 우리보다 2배 비싼 요금이지만 1주 Weekly Pass를 32$ 주고 사서 그 몇 배에 해당되는 만큼 지하철 문이 닳도록 열심히 돌아다녔다.

뉴욕을 통해 나는 대도시의 중요성을 더욱 절감했다. 고밀도와 고

48) 맨해튼의 신호체계는 환상적이다. 자동차들이 정차하지 않고 진행하도록 평균 10 개 정도의 신호등이 연속적으로 녹색등이 켜진다.

집중 도시야말로 현대문명을 창조하고 새로운 세상을 열어 가고 있음을 목격했다. 좁은 공간에 집적되는 최고 수준의 밀도는 최고 수준의 도시 디자인, 건물의 편리함을 요구한다. 그래서 맨해튼은 더욱 더 살기 좋아진다. 그리고 아름다워진다. 서로 다른 사람들에게서 뿜어 나오는 창조의 에너지가 도시를 가득 메우기 때문이다. 그래서 맨해튼에는 노인들도 많이 산다. 그 에너지를 공유하기 위해서이다.

이제 삶의 후반을 찬란하게 장식했던 뉴욕을 떠난다.

Chapter 2.
뉴욕 단상,
뉴욕에서 생각하기

비엔나 국제회의에서 폭발한 중국에 대한 속내

전 세계 어디에나 넘쳐나는 중국인, 엄청난 경제력과 인구를 자랑한다. 비엔나 유엔본부에서 개최된 호주-UNDP 회의에 참석했다. 3시간여 회의 중에 중국 리스크라는 주제가 나왔다. 벙벙한 얘기들만 나오던 중 내가 불을 붙였다. 중국의 사드 보복을 적나라하게 얘기했다. 갑자기 회의장이 폭발했다. 조용하게 발표자들 얘기만 경청하던 분위기가 돌변, 참석자들이 경쟁적으로 서로 발언을 이어나갔다. 결과는 놀라웠다. 발언 내용은 거의 같았다. “매너와 예의가 없는 중국인.” 참석자 20여 명 중 단 한 사람도 중국을 긍정적으로 말하는 사람이 없었다.

비엔나는 20세기 초 세계의 중심이었다. 군사력이나 경제력이 아닌 지성과 문화 예술의 수도였다. 철학, 법학, 심리학, 경제학은 물론 음악, 미술 등에서 세계를 이끌었다. 오스트리아 합스부르크 제국은 600년 넘게 존속했다. 그러나 비엔나는 늘 차분하고 수수하다. 엄청난 관광객들이 몰려드는 비엔나이지만 의외로 비엔나 시민들은 담담하다. 상점과 식당은 친절하다. 정직함과 진실함이 느껴진다. 역사와 전통, 수준 높은 예절과 교양이 충만한 도시 비엔나다. 경제력과 군사력만으로는 세계의 중심에 설 수 없다. 뉴욕에서도 상황은 동일하다, 매너와 교양은 핵무기와 수 백 만 군대를 통해서 얻어지지 않는다.

지성과 교양!
대한민국이 다시 찾아와야 할 과제이다.

사무라이의 단무지를 제압한 남도 김치

언제부터인가 단무지는 나의 반찬 1호였다. 맵고 짠 한국음식을 중화시키기 위해서인지 아무튼 나는 늘 단무지를 가까이 했다. 뉴욕에 올 때도 김치는 안 가져와도 단무지는 가져왔다. 좋고 싫음이 분명한 한국적인 내 성격을 혼네 타테마에(겉과 속)가 다른 일본인처럼 중화시키고 싶은 마음도 일부 있었다.

일본 사무라이 드라마가 내가 단무지를 좋아하게 만든 원인이었다. 일본 드라마를 보게 된 이유는 "왜 우리는 일본의 식민지가 되었을까?" 하는 나의 오랜 의문에서 비롯되었다. 일본을 연구하고 일본 역사드라마를 보게 된 이유였다. 그런데 NHK 대하드라마를 보면 볼수록 단무지에 대한 내 사랑은 깊어만 갔다. 권력자이든 말단이든 반찬이랄 것도 없는 지극히 검소한 상차림에 흰밥과 단무지를 젓가락으로 훌훌 먹고 홀연히 전쟁터로 떠나는 사무라이들이 너무 멋있었다. 죽음을 눈앞에 두고도 소풍 가듯 의무를 완수하러 떠나가는 그들….

그 단무지가 이승에서의 마지막 식사였던 자들이 수도 없이 많았던 16세기 일본 센코쿠(전국시대).[49] 이에 반해, 나라는 망해 가고 백성들은 가난과 굶주림으로 고통받고 있는데도 상다리가 휘어지

---

49) 1467년 오닌의 난부터 1573년 무로마치 막부 15대 쇼군 아시카가 요시아키가 오다 노부나가에 의해 추방된 무로마치 막부가 붕괴 될 때까지의 시대를 일컬음. 위키백과

게 먹고 마시는 조선의 양반들이 대비되며 나의 단무지 예찬은 계속 되었다.

뉴욕의 수많은 일식당에 가도 단무지는 구경하기 힘들다. 얼마 전 뉴욕 우동 집에서 옆 좌석 손님(미국인) 메뉴에 단무지가 몇 조각 나오는 것을 보았다. 그 미국인이 단무지를 안 먹고 나가 길래 내가 얼른 먹었다. 한국 같으면 모르는 사람이 먹던 반찬을 먹는다는 것은 있을 수 없는 일이다. 이런 상황이라서 뉴욕 내 집에서도 단무지는 아껴먹는다. 김치는 왕창왕창 먹으면서…. 공장에서 만든 김치라 그런지 별로 맛도 못 느끼고 그저 그랬다.

그런데 얼마 전 해남 형님이 보낸 김치, 정확히는 형수님이 담근 묵은지와 김치가 왔다. 얼마나 많이 보냈는지 1년은 넘게 먹을 수 있을 것 같았다. 친형제보다 더 가까운 형님이 보내신 것이라 고맙긴 하지만 소중한 단무지 옆에 그냥 뚜껑도 안 열고 넣어 두었다.

그러나 마침내 해남 묵은지가 잠자던 나의 김치 본능을 깨워버렸다. 김치가 싫었던 것이 아니라 그동안 김치다운 김치를 못 먹어 김치의 존재를 못 느꼈던 것이다. 화끈한 남도 김치를 한 입 먹는 순간 내 입이 센코쿠 전쟁터가 되고 내 젓가락이 사무라이 칼날이 되어 허벌나게(남도 사투리: 엄청나게) 김치가 먹고 싶어졌다. 단무지의 달짝지근한 맛에 잠시 잊었던 야성의 본능이 살아난 것이다. 한 방에 김치 KO승. 홍수환 선수가 파나마 카라스키야에게 4번 다운당하고 5번째 한방에 KO 시키듯… 한 방의 김치! 한 방의 대~한민국!

이 한 방으로 대한민국은 존재한다. 소니와 파나소닉, 히타치, 도시바, 샤프 등 기라성 같은 일본 전자업체들이 삼성전자 한 방에 모두 아웃 되었다.

저력의 김치, 저력의 코리아! 이제는 글로벌 코리아로 나가자.

고달픈 UN 근무 준비

UN근무 준비를 하면서 생긴 현상중의 하나가 “G”PHOBIA (공포)다. UNDP 덴마크 코펜하겐의 인사 파트에 근무하는 직원 이름이 G로 시작하는데 내가 뉴욕근무 시작하기까지 대략 30여 종류의 서류를 요구했고 한 글자의 오류도 없는 완벽한 서류가 제출되어야만 승인을 해주었다. 시차가 한국과 차이가 커서 한국에서 오후 내내 작업해 메일로 보내면 다음 날 아침에 G로 시작되는 메일이 왔는지를 확인하는 것이 8~9월 한국에서의 나의 일과였다. 얼마나 더 서류를 보내야하는 지도 모르는 상태에서 뜻도 알 수 없고 난생 처음 보는 서류들을 죽을힘을 다해 만들어 보내고 나서 이 정도면 거의 끝났나 싶어 안도감에 잠시 젖어있으면 느닷없이 날라 오는 G로 시작하는 메일! 공포의 G메일이었다. 내용은 늘 동일하다. 수정 또는 추가 자료 제출 요구가 대부분이었다. 근무지인 뉴욕 UNDP 본부에 도착하기도 전에 이미 몸과 마음은 끝도 알 수 없는 서류 작성으로 지쳐있었다. 아직 근무를 시작하기도 전인데도 이렇게 힘든데 UN근무가 시작되면 또 얼마나 힘들까하는 두려움과 걱정으로 하루하루가 불안하였다.

오늘 새벽에 졸린 상태에서 시간을 보려고 스마트폰을 보는 순간 G로 시작하는 메일이 눈앞에 나타나 가슴이 철렁 내려앉았다. 또 뭘 보내라는 것인가? 지난 3달 동안 수도 없이 서류를 작성해서 보냈는데 뭘 또 보내라는 건가? 거의 자포자기의 한숨이 나오는 순간 다시 보니 구글 G메일의 알림이었다. 구글 알림장이 이렇게 반가울 수 있다는 사실이 놀라울 따름이었다.

외국 생활의 가장 힘든 부분은 새로운 상황을 파악하고 해결하는 일이다. 물론 언어가 가장 큰 장벽이지만 시스템과 관행이 다른 나라에서 살아간다는 것은 비단 언어만의 문제는 아니기 때문이다. 하루 중 가장 즐겁고 편한 점심시간에도 식당에 들어가면 속사포처럼 쏟아내는 종업원의 메뉴 설명에 밥맛이 없어져 그냥 나가고 싶은 적도 많았다. 영어 자체보다는 상황에 대한 이해가 어려운 것이 가장 힘들었다.

익숙한 사람들, 익숙한 환경 속에 살아간다는 것이 얼마나 감사한 일인가를 절감하며 뉴요커의 힘든 하루를 보낸다. 그러나 힘들고 짜증이 나더라도 뉴욕에서는 "THANKS, THANK YOU"를 입에 달고 살면서도 정작 감사해야 할 사람들이 많은 한국에서는 감사라는 말을 거의 하지 않고 살아간다.

그리운 사람들, 정겨운 그리운 고국에 뜨거운 감사를 보낸다. "THANK YOU SO MUCH"

돈키호테의 뉴욕, 햄릿의 서울

이질성이 다양성으로 존중되는 사회는 풍요롭다. 뉴욕은 돈키호테로 가득하다. 기발한 생각과 튀는 행동, 이질적이지만 서로를 배척하지 않는다.

"문학 역사상 가장 위대한 소설"(노벨연구소),"세르반테스와 데카르트는 근대의 공동 부모"(밀란쿤데라), "인류의 바이블"(프랑스 비평가 생트뵈브)! 돈키호테의 이상과 저돌성은 서구 문화에 큰 영향을 끼쳤다.

그러나 한국으로 넘어오면 사정이 달라진다. 돈키호테는 괴짜나 부적응자라는 동의어와 다르지 않다. 엉뚱함 이면의 비상함은 아무도 보려하지 않는다. 못 본다는 것이 더 정확한 표현일 것이다. 볼 수 있는 안목이 대부분 없기 때문이다. 이질성에 배타적인 우리 문화가 원인이다. 조직에 잘 흡수된 햄릿형 인간상이 사회표준이며 돈키호테는 천덕꾸러기 취급을 받는다. 살아남기 위해서는 평범한 인간으로 변신하는 수밖에 없다.

개성 넘치는 사람보다는 평균적 성향을 중시하는 우리 현실에서 돈키호테가 살아남을 가능성은 별로 없다. 19세기 러시아 문호 이반투르게네프가 인간형을 돈키호테와 햄릿으로 구분한 것에 비춰보면 질서를 깨뜨리는 새로운 사고와 발상을 용인하지 않는 우리 풍토에서 심사숙고형의 햄릿들만 넘쳐난다. 현실의 풍차 앞에서 이상을 잃고 부적응자로 도태된 돈키호테들이 숱하게 많다.

엉뚱한 발상과 행동의 이면에 있는 이상과 다양성의 1할만이라도 이해하고, 포용할 수 있다면 우리 사회는 다양함으로 훨씬 풍성해질 것이다. 서로 다름이 차별이 아니라 다양성으로 존중되는 문화가 필요하다. 우리도 이제는 돈키호테가 마음껏 활동할 수 있게 하자. 5천만의 다양성을 키우자!

맨해튼에서 세키가하라 전투를 떠올리며

오늘 맨해튼 45가 아담한 일식당에서 모처럼 일본 포럼이 개최되었다. 포럼은 최근 개봉된 영화를 중심으로 전개되었다. 1600년 세키가하라 전투에 대한 이야기였다. 세키가하라는 일본 중부의 작은 분지이다. 이곳에서 1600년 서군의 이시다 미츠나리 13만, 동군의 도쿠가와 이에야쓰가 이끄는 10만의 대군이 맞붙었다. 결과는 서군의 패배, 이에야쓰가 최강자로 자리 매김한다. 오다 노부나가의 부하들이 동서로 갈려 서로 원수가 되고 죽고 죽이는 비극이 전개된 것이다.

이후 17년을 더 기다려 도쿠가와 이에야쓰는 도요토미 히데요시의 아들 히데요리를 오사카성에서 자결케 하고(오사카 전투) 도쿠가와 막부를 열게 된다. 임진왜란으로 우리에게도 친근한 카토 기요마사는 승리한 동군으로 승승장구하고 서군으로 줄을 선 고니시 유키나가는 목이 잘리고 멸족 당한다.

도쿠가와는 자신의 본거지인 에도를 중심으로 친위 그룹들에게는 에도(동경) 부근에 영지를 하사한다. 반면에 도요토미 히데요시 쪽에 가까웠던 영주들은 에도(동경)에서 가장 변방인 조슈(야마구치), 사쓰마(지금의 가고시마)로 보내 반란을 원천적으로 봉쇄하였다. 그러나 이후 260여 년이 흘러 메이지유신으로 역사는 되풀이 된다. 변방의 사쓰마, 조슈가 조총과 대포 군함 등 서양의 무기와 문물을 받아들여 웅번(250여개 번들 중 최강)이 되어 도쿠가와 막부를 위협하게 된다. 결국 토사출신 사카모토 료마에 의해 삿초 동맹(사쓰마와 조슈)이 이루어지고 도쿠가와 막부는 역사에서 사라지게 된다. 10여 년 전 큰 인기를 끌었던 톰 크루즈 주연의 라스트 사무라이가 오늘 포럼의 주제가 된 영화였다. 이 영화는 메이지유신 3걸 중 한 명이었던 사쓰마 출신 사이고 다카모리의 세이난 전쟁(서남전쟁)이 배경이다. 260년 전 도쿠가와에 의해 비참하게 생을 마감한 수많은 오다 노부나가-도요토미 히데요시의 부하(후손)들이 도쿠가와 이에야쓰의 후손을 몰아내고 다시 권력을 잡아 지금에 이르고 있다.

현 일본 수상 아베도 조슈 야마구치 출신이다. 역사는 반복되는 것인가?

오모테나시(진심어린 환대) vs.바가지

돈 벌면 평창, 강릉 갑니다. 네이버 검색창에 평창을 치면 관련어로 '바가지'가 뜬다. 댓글 중 압권은 "돈이 없어 이번엔 일본 갑니다. 돈 벌면 평창, 강릉 갈 것입니다."이다. 2018년 평창 올림픽과 2020년 도쿄 올림픽과의 시민의식 격차에 대한 우려가 여기저기서 들린다.

지난주 갭 롱 패딩을 하나 샀다. 세계중심 뉴욕, 그것도 맨해튼 최고 중심가인 42가(뉴욕은 34가, 42가 등이 street의 대표이고 5번가는 애브뉴의 대표에 해당한다.)에 위치한 갭 스토어. 너무 싸서 나도 놀랐다. 서울과의 차이점은 시내 중심이라도 가격이 더 비싸지 않다는 점이다. 브랜드 차이에 따른 가격차는 있지만 매장 위치에 따라서 우리처럼 차이가 크지는 않다.

아무리 국민소득이 올라가도 우리나라에는 변하지 않는 게 있다. 하나는 정치 수준, 또 하나는 바가지다. 높은 정치 수준은 시간이 필요하다. 높은 시민 의식이 있어야 하기 때문이다. 위대한 지도자가 한꺼번에 100명이 대한민국에 나타나도 안 된다. 높은 시민의식과 공익에 대한 존중이 사회 전반에 확산되고 실천되려면 지금의 신생아들부터 시민의식을 키워서 그들이 어른이 되어 자신들의 아이들에게 모범이 되는 사회가 되어야 한다. 안타깝지만, 현재의 우리 상황을 냉철하게 살펴볼 때 앞으로 100년은 걸릴 것 같다.

경제는 노력하면 단기간에 성장이 가능하지만 의식과 행태는 쉽게 바뀌지 않는다. 사실 바가지도 낮은 시민 의식에 따른 것이라 시간이 필요하겠지만 이것은 소방도로 불법주차처럼 강력한 단속으로 어느 정도는 가능할 것이다.

정도의 차이는 있지만 차별이 없는 세상은 없다. 그러나 미국과 일본은 가격으로 사람을 차별하지는 않는다. 외국인은 물론이고 한국인도 격하게 차별하는 것은 우리의 바가지뿐이다. 오모테나시(진심 어린 환대) 정신으로 얼마 남지 않은 올림픽의 성공을 빌어본다[50].

50) 이 글은 평창올림픽 전에 쓴 글

슬론 스티븐스의 아름다운 패배

테니스 팬 이라면 4대 메이저대회를 알 것이다. 내가 유일하게 좋아하는 운동이 테니스이다. US오픈에 직접 가서 관람하는 것이 꿈이다. 1월 호주 오픈- 5월 윔블던- 6월 프랑스 오픈 - 8월 US오픈이다. 작년 US 오픈에서 이변이 일어났다. 무명의 흑인선수 스티븐 슬론이 우승한 것이다. 41억의 상금. “이거 정말 내게 주는 거냐? ”며 우승 시상식에서 천진한 모습을 보였던 슬론. 심한 부상으로 2년전 은퇴를 심각히 고려했던 선수였다. 슬론을 눈여겨보게 된 것은 승패를 떠난 그녀의 의연하고 따듯한 모습이었다. 세계 최고 대회에서의 우승은 엄청난 부담으로 다가온다. 작년 8월 우승 이후 슬론은 슬럼프에 접어든다. 왼발 부상도 재발했다.

오늘 시작된 호주 오픈 1라운드. 슬론은 무명의 중국 선수에게 완패해 탈락했다. 테니스를 보면 인생이 느껴진다. 테니스는 온전히 자기 혼자만의 경기이다. 남자 메이저 대회에서는 길게는 5시간 여 사투를 벌인다. 혼자 하는 건 골프와 비슷하지만 격렬함과 체력소모에서 비교가 안 된다.

대부분의 선수들은 점수 한 점 한 점에 일희일비한다. 경기가 안 풀리면 아웃된 공을 힘껏 엉뚱한 방향으로 쳐버리거나 발로 차거나 고함을 지르기 일쑤다. 세계 정상급이라고 예외는 없다. 매너 좋은 남자 선수는 100년에 나올까 말까 한 테니스황제 로저 페더러 정도,

다음으로는 인간미가 빛나는 라파엘 나달 정도다. 여자 선수로는 비너스 윌리엄스가 굿 매너 챔피언이다. 울상 짓는 앤디 머레이, 독기 가득한 눈초리의 노박 조코비치 모두 살벌하다. 라켓을 던지는 사람, 심지어 부수는 자들도 흔하다. 여자 선수 중에는 마리아 샤라포바가 압권이다. 한 점 한 점에 곧 쓰러 질 듯 집착하고 승리하면 언제 그랬냐는 듯 코트에서 춤을 춘다. 패하면 거의 패닉이다.

테니스 선수들의 이상한 습관 중의 하나가 아웃된 볼은 눈앞에 있어도 절대 그 볼을 치지 않는 것이다. 어차피 7개 볼을 돌아가며 치는데 말이다. 그런데 단 한 명 슬론은 그 공을 그대로 친다. US오픈 때도 이번 호주 오픈에도 그랬다. 스티브 슬론은 패배 후 더 빛났다. 오늘 패배했던 슬론의 모습을 눈여겨봤다. 테니스는 종료 후 반드시 양선수가 네트 가운데에서 만나 인사를 한다. 승패가 이미 갈린 만큼 패배한 선수는 대개 형식적 악수만 하고 승자도 자신의 승리에만 신경 쓴다.

패배한 슬론이 승자의 두 볼에 키스하고 우정이 가득한 포옹을 했다. 결사적으로 슬론을 이기려고 눈에서 광채가 날만큼 승리에 집착했던 중국선수는 순간 멍해졌을 것이다. 아름다운 챔피언의 퇴장이었다. 깊은 여운이 남는 패배였다. 25살이 채 안 된 어린 선수에게서 패배의 아름다움을 느낄 수 있었다. 경쟁에서 늘 승리를 꿈꾸는 우리의 삶이지만 승리보다는 패배, 이룰 때보다는 이루지 못하는 것이 삶이다. 승리든 패배든 아름다운 모습으로 맞이하자.

가장 오래된 자유민주주의 국가는?

대부분의 국가는 민족을 기초로 형성된다. 우리는 단일 민족이다. 일본도 만세일계 즉 하나의 조상으로부터 퍼져나간 단일 민족이라고 강조한다.[51] 독일은 게르만족, 프랑스는 라틴족, 러시아는 슬라브, 중국은 한족…. 이들 나라들의 공통점은 이민이 어렵다는 것이다. 피를 우선하기 때문이다.

"생명과 자유, 행복추구의 권리, 헌법수호, 권력분립, 자치…"

민족(피)이 아니라 지켜야 할 공통의 가치를 국가의 성립요건으로 선포한 나라가 있다. 칼 마르크스는 이 나라를 이렇게 칭했다. "위대한 민주 공화국 사상을 가장 먼저 탄생시킨 곳." 국가 문명사적으로는 가장 어린 나라지만 자유민주주의 역사로는 세계에서 가장 오래된 나라이다.

이 나라는 미국이다. 피를 국민의 핵심요건으로 내세운 아테네와 스파르타는 100년 후 몰락했지만 가치와 생각을 공유하는 사람을 국민으로 받아들인 로마는 1000년 넘게 번성했다. 우리에게는 세 살 아이부터 여든 노인에 이르기까지 국민 대다수가 공유하고 지키고자 하는 가치[52]가 있는가?

---

51) 축소지향, 늘 자신을 작게 감추지만 이런 황당무개함도 지닌 민족임을 유념할 필요가 있다.
52) 돈, 권력, 지위는 가치가 아님

블록체인, 디지털거래원장 / 신뢰의 상징

새로운 기술이 발명되면 그에 따른 부작용도 있지만 우리가 사는 세상은 발전한다. 인터넷이 역기능도 분명 있지만 더 많은 순기능을 지니고 있듯이 말이다. IT를 '인터넷에서 정보를 주고받게 하는 시스템' 이라면, 블록체인은 '인터넷서 신뢰를 주고받게 하는 기술' 이라고 할 수 있다. 블록체인은 '중앙통제 없이 개인 간에 분산 공유되는 디지털 거래원장' 이다.

현재 우리가 살고 있는 세상은 권력이든 재산이든 지나친 집중과 과도한 권력 독점으로 일어나는 부작용과 폐해가 너무 크다. 국가 차원에서는 중국, 소련 등 패권 국가들의 약소국 침략과 인권유린이 발생하고 있고 우리나라의 경우도 권력집중으로 인한 부작용이 심각한 실정이다. 따라서 블록체인은 이러한 과도한 권력집중을 분산시키고 투명하게 하는 획기적인 장치가 될 수 있다.

언제나 부정적 측면보다는 긍정적인 측면을 보는 것이 중요하다. 긍정은 또 다른 긍정과 새로운 가능성을 만들지만 부정적인 접근과 생각은 결국 아무것도 만들어 낼 수 없기 때문이다. 블록체인의 부작용에 대한 부정적 측면보다는 블록체인이 가져올 긍정적 결과를 더 키우는 데 노력을 기울였으면 한다.

기초가 허약하면 비극은 반복된다

밀양의 한 병원에서 또 화재[53]가 발생했고 많은 사람들이 죽어갔다. 50명 가까운 생명이 사라졌다. 원인은 간단하다. 안전에 신경을 쓰지 않았기 때문이다. 안전시설을 설치하지 않아서 벌어진 어처구니없는 참극이었다. 그렇게 간단한 이유로 그렇게 많은 사람들이 한꺼번에 죽을 수 있다는 것이 오히려 신기하였다.

지난번 제천화재처럼 가장 기초적인 안전장치가 없어서 그렇게 많은 사람들이 비참하게 죽었다. 병원을 포함해 모든 곳들이 자신들의 수익을 위해서는 모든 노력을 아끼지 않는다. 비용은 한 푼도 아끼려고 한다. 모든 것이 최첨단으로 전산화되어 단 일원도 중간에 새어나갈 수 없다.

병원에 온 환자들에게 치료비는 철저하게 받는다. 단 한 푼도 새어나가지 않도록 철저하게 주의한다. 그러나 수많은 사람들, 중환자들이 가득한 그곳에 안전시설은 없다. 그것은 병원의 수익에 도움이 안 되는 비용이기 때문이다. 그 비용을 아끼려다 결국 47명이 죽고 수많은 사람이 중화상을 입었다.

비용도 아껴야 하지만 사람의 생명도 그렇게 아낄 수는 없을

53) 2018년 1.26 밀양 세종병원에서 발생한 화재 사고로 의사, 간호사 각 1명을 포함 47명이 사망하고 140명이 부상한 대형 참사이다. 스프링쿨러가 작동하지 않았고 화재 직후 정전이 되었으나 비상 발전기가 작동하지 않아 사망자가 늘어난 전형적인 후진국 형 사고이다.

까? 병원은 생명을 살리는 곳이다. 생명을 살리는 병원이 생명을 소중하게 여기지 않는다면 존재할 이유가 없다. 대한민국 국민 생명이 병원의 스프링쿨러 보다도 싸기 때문에 이런 일이 벌어지고 있다. 셀 수도 없는 화재로 수많은 사람들이 죽어간다. 늘 원인은 비슷하다. 안전시설을 갖추지 않았기 때문이다. 아무리 죽고 다쳐도 바뀌지 않는다.

기초가 갖추어지지 않은 상태에서 기본이 없는 상태에서 정의가 강물처럼 흐르고 결과가 공정할 수는 없다. 능력이 부족하고 경험이 부족한 것은 부끄러운 일이 아니다. 자신의 분수를 모르고 지나치게 과대한 욕심을 부리고 능력을 넘어서는 일들을 하겠다는 것이 부끄러운 일이다. 왜냐하면 아무것도 이룰 수 없기 때문이다. 부실한 기초만 더욱 부실해질 뿐이다.

나라다운 나라는 구호로 만들어지지 않는다. 기본부터 기초부터 차근차근 시작해야 한다. 더 많은 무고한 국민들이 죽기 전에…

큰 인물과의 대화, 역사를 공부하는 즐거움

큰 인물과의 만남은 언제나 신선하다. 일반 사람들과는 다르기 때문일 것이다. 작은 이해관계를 뛰어넘는 무엇인가가 있다.

역사는 언제나 그런 큰 인물에 의해 한층 더 도약한다. 다른 한편으로는 그런 인물과의 만남이 또 계속되기를 바라기도 한다.

주은래와 모택동

중국은 오랜 역사동안 가문과 덕망, 학식을 인재의 중요 조건으로 내세웠다. 삼국시대에도 비슷했다. 그러나 단 한사람 예외가 있었다. 비정하고 잔인하며 약삭빠르다고 우리가 알고 있는 조조다. 그러나 조조는 인재를 가리지 않았다. 조조가 중요하게 여기는 인재의 기준은 단 하나였다. "능력". 조조 이후 이러한 능력주의는 사라진다. 가문과 문벌에 의한 귀족들만 등용되었다. 조조의 주변은 능력있는 인재들로 가득했다.

수천 년이 흘러서야 중국은 능력 위주의 나라가 된다. 바로 중국공산당이다. 중화인민 공화국을 창건한 모택동은 원래 주은래 보다 하급자였다. 유럽에서 유학한 지식인 주은래에 비해 호남성의 평범한 농민의 아들인 모택동은 처음에는 주은래에 의해 주목을 받지 못했다. 그러나 모택동의 탁월한 대중정치력과 선동력을 간파한 주은래는"쭈이회의"에서 모택동을 자신의 상관으로 추천한다. "중국은 모택동이 없었으면 태어나지 못했을 것이다. 불(火)같은 모택동의 뜨거움으로 만들어졌다. 그러나 주은래가 없었다면 그 불꽃으로 중국을 모두 태워버렸을 것이다.[54)]" 영원한 2인자의 모범을 보인 주은래의 통찰력이 빛난다.

스티브 잡스와 스티브 워즈니악

스티브 잡스도 컴퓨터를 잘 알고 좋아했지만 전문적인 엔지니어는 아니었다. 당시 HP(휴렛 팩커드) 사원이었던 스티브 워즈니악은 컴퓨터 동아리를 운영하고 있었다. 스티브 잡스는 그 동아리에서 워즈니악을 만나게 된다. 두 사람은 애플을 공동 창업한다. 컴퓨터의 기술적 요소와 프로그램들은 워즈니악에 의해 기획된다. 잡스는 컴퓨터의 기능, 외관에 집중했다. 아름답고 심플하게 그리고 사용하기 편하도록 제품을 만들어야 한다고 주장했다. 잡스를 못 만났다면 워즈니악은 지금 미국 전자 제품 판매 수리점인 Radio Shack의 한 지점 또는 개인 컴퓨터 가게를 하고 있을지도 모른다.

사카모토 료마와 시바 료타로

살아 있는 동안 단 한 번도 만난 사실도 없고 서로 전혀 모르는 사이인데도 불구하고 역사의 획을 긋는 대단한 만남이 있다. 1836년에 태어나 메이지유신을 1년 앞둔 1867년에 암살당한 사카모토 료마. 지금은 사카모토 료마가 오다 노부나가와 1, 2위를 다투는 일본 최고 인기 인물이지만 1970년대 이전에는 료마를 아는 사람이 별로 없었다. 수많은 지사와 영웅들로 넘치던 메이지시대의 지사 중의 한 사람 정도로만 기억될 뿐이었다. 1960년대 장편 소설 "료마가 간

---

54) 에드가 스노, 중국의 붉은 별, 두레 1985

다" 가 발표되고 나서 비로소 료마에 대한 사회적 국민적 관심이 고조되기 시작했다. 소설가 시바 료타료에 의해서이다. 시바는 1996년에 사망했다. 2016년 시바 료타로 사망 20주기, 2017년 료마 사망 150주년을 맞아 일본열도가 떠들썩하였다. 20세기 사람 시바에 의해 19세기 사람인 료마가 위대해진 것이다.

영웅을 기억하고 영웅을 존중하는 나라에서 영웅은 계속된다. 영웅은 반드시 권력자이거나 대단한 명성을 가진 사람만은 아닐 것이다. 미국은 국가를 위해서 전사하거나 순직한 군인, 공무원 및 공익을 위해 노력한 사람을 영웅으로 기린다. 대통령이 국민 앞에 연설할 때 반드시 크고 작은 영웅들과 함께 자리하고 소개한다. 어제 밤 트럼프 대통령의 첫 번 연설이었던 "STATE OF THE UNION"때도 그랬다. 미국 국기를 수천 장 만든 8살짜리 소년이 소개되었다.

감동을 주는 사람이 많은 나라, 그래서 본받을 게 많은 나라 국민은 행복하다. 우리에게도 이제 희망과 용기를 주는 크고 작은 많은 영웅이 나타나기를 기대해 본다.

삼봉과 서애는 조선의 기초였다

정도전과 이성계

지금도 많은 미국인들에 의해 추앙 받고 있는 조지 워싱턴(George Washington), 토머스 제퍼슨(Thomas Jefferson), 알렉산더 해밀튼(Alexander Hamilton) 등 미국 건국의 아버지들은 미국을 기획했다. 조선은 새롭게 만들어진 나라였다. 철저히 기획된 나라였다. 놀랍게도 조선은 미국이 건국되기 400년 전에 이미 삼봉 정도전에 의해 정치, 경제, 행정, 법률, 군사 등 국가의 기초가 되는 모든 것들이 철저하게 기획되었다. 그러나 삼봉은 천재성과 함께 강직한 성품과 굽히지 않는 신념의 소유자였다. 그래서 그는 권력자들로부터 미움을 받아 10년 가까운 유배와 방랑을 하게 된다. 심지어 그의 학문적 스승인 목은 이색과도 적으로 돌아선다.

거의 폐인에 가까운 상태에 있던 삼봉을 한눈에 알아본 인물은 태조 이성계였다. 인물은 인물을 알아본다. 자식인 이방원(태종)보다도 더 신뢰하고 자신의 권력을 삼봉에게 주었다. 비록 이방원에 의해 암살되었지만 삼봉이 철저하게 기획했던 조선은 무려 519년을 이어간다. 삼봉이 조선을 그렇게 철저하게 기획할 수 있었던 것은 태조 이성계가 없었다면 불가능한 일이었다. 안목을 지닌 이성계의 위대함이 돋보인다.

유성룡과 이순신

삼봉이 암살당한 후 조선은 서서히 내부로부터 무너져 내려간다. 조선 창업 후 200년이 지나자 국력은 고갈되고 백성들은 고통 속에서 신음하게 된다. 이때 오다 노부나가에 의해 발탁된 평민출신 도요토미 히데요시가 20만이 넘는 세계 최강의 대군으로 변변한 군대도 없는 조선을 침공한다. 임진왜란이다. 멸망의 순간 전시 총사령관이던 영의정 서애 유성룡은 현재 군 계급으로 치면 대위 정도에 불과하던 변방의 군인 이순신을 장군으로 승진시켜 해군 지방사령관으로 임명한다. 모두가 극렬히 반대했다. 그러나 탁월한 안목과 통찰력을 지닌 서애가 있었던 조선은 승리한다. 이순신은 일본을 상대로 전승[55]을 거두게 된다.

임진왜란을 승리로 이끌었던 서애 유성룡은 전쟁 종료 후 선조로부터 큰 상을 받기는커녕 파직된다. 영의정이 이등병으로 강등된 것이다. 우연인가? 유성룡이 파면되던 날에 이순신은 노량해전에서 왜군의 총탄에 전사한다. 삼봉 정도전, 서애 유성룡, 이순신 장군 이후 조선은 영웅이 나타나지 않는다. 영웅을 존중하지 않기 때문일 것이다. 영웅들은 모두 암살, 파면, 그리고 자살에 가까운 죽임을 당했다.

인물과 영웅을 인정하지 않는 나라에 큰 인물은 나타나지 않는다. 인재와 인물을 키우지 않는 나라에 미래는 없다.

55) 전 세계 해전사에도 찾아볼 수 없는 전승의 신화, 이순신은 일본을 상대로 22전 22승을 거둔다.

I hear you! 듣기의 중요함

미국 트럼프 대통령이 총기 사고를 당한 가족 등 40여 명을 백악관으로 초청해서 70분간 위로의 시간을 가졌다. 평소 독설을 일삼는 그답지 않게 70분 동안 가족들의 가슴 아픈 사연을 듣기만 했다. 그의 메모지 하단에는 "I hear you (나는 듣고 있습니다.)"라는 트럼프의 메모가 있었다. 사람들은 듣기보다는 말하기를 좋아한다. 듣는 것은 힘들다. 말이 안 되는 얘기도 듣기 힘들지만 좋은 말도 길게 하면 짜증이 난다.

3년 8개월 동안 국장으로 근무했던 국민권익위원회 고충처리국(고충국)의 힘은 듣기에 있다. 경청에 있다. 거창한 일을 벌이고 매일 모여 회의하는 곳이 아니다. 민원 처리를 하는 조사관들을 닦달한다고 민원이 줄지 않는다. 힘들고 지친 조사관들을 더 힘들게 할 뿐이다. 조사관들을 다그치는 시간에 조사관들로 하여금 하나라도 더 국민의 소리를 듣게 하도록 그들을 가만히 두는 편이 낫다. 민원은 국민의 소리이다. 들어 주는 사람이 없으면 국민의 마음은 더욱 격해진다. 해결이 가능한 민원도 있지만 해결이 어려운 국민의 소리가 대부분이다.

민원인 중에는 몇 시간, 며칠, 몇 년 동안 계속 같은 말을 하는 사람도 있다. 그만큼 절박한 국민이 많다는 얘기다. 책상에 앉아 조사관에게 큰소리로 지시한다고 그 아픈 민원이 해결되지 않는다. 지시하고 잔소리 하는 시간에도 민원은 끊임없이 발생한다. 누군가가 들어줘야 한다.

공무원들은 민원을 피한다. 대부분의 민원은 듣는 것이 힘들다. 민원인들의 주장이 강하고 대부분 해결이 어려운 것이기 때문이다. 다들 피하는 민원인들을 만나러 권익위 조사관들은 찾아간다. 국민의 소리를 들으러 간다. 도저히 대화가 안 되는 심한 민원은 특별 민원 팀이 밤낮으로 처리한다. 작년 행자부 차관도 특별민원과 신설을 검토했고 언론의 관심도 높았다. 중앙부처 공무원들은 대체로 똑똑하다. 모두들 자신의 똑똑함을 인정받고 알리고 싶어 한다. 그러나 권익위 고충처리국 조사관들은 그림자와도 같다. 밝은 빛을 비추면 형체만 보이고 누군지는 알 수 없는… 수많은 사람들의 아픈 얘기를 듣고 무수히 해결해도 한 줄로 표시되는 통계 숫자에만 조사관들은 존재한다. 자신들이 몸담고 있는 조직과 윗사람들을 빛내는 말 없는 그림자들이다. 오늘도 묵묵히 국민들의 소리를 듣기 위해 버스타고 기차 타고 어디론가 민원을 들으러 가고 있을 것이다. 오늘은 유난히 그들이 그립다.

미국이 왜 United인지 보여주는 한 장의 사진[56)]

(트럼프의) 미국이 망할 거다! 중국이 미국을 추월한다!

이런 이야기들보다는 아래 한 장의 사진과 여러 사람들의 글들은 적어도 미국이라는 나라가 존재함으로써 우리의 생각과 삶이 좀 더 너그러워질 수 있음을 보여준다.

"정파는 달라도 모두 '이기심' 이 아닌 '애국심' 이라는 핵심가치에 기반하고 있다. 전직 중앙정보국(CIA)관료 데이비드 프리스는 이 사진을 트위터에 올리며 "사진 속 각 대통령은 내가 정치적으로 동의하지 않는 일들을 했다. 하지만 그들은 모두 '이기심' 이 아닌 " 애국심' 이라는 핵심가치에 기반을 두고 행동했다는 점은 결코 의심치 않는다."라고 썼다. 이 글 뒤에는 "서로 성향이나 캐릭터는 판이했지만, 각기 다른 방식으로 미국 대통령직의 위상을 높인 사람들이다."

"과오 없는 완벽한 대통령이 어디 있겠나. 그 사람의 일부는 동의하고 일부엔 반대할 뿐" "개인적으로 반대했지만, 그를 지지했던 동년배 미국인의 추억은 존중한다." "정파를 떠나 손잡을 수 있는 옛날식 정치가 그립다."는 댓글이 1000여개가 달렸다.

56) 조지 부시 전 미국 대통령의 부인 바바라 부시 여사의 장례식

한자리에 모인 전·현직 미국 대통령과 영부인들

역사학자인 미쉘린 메이나드는 호주 ABC에 기고한 칼럼에서"이 사진은 미국이 어떤 나라인가를 보여주는 상징적인 장면"이라고 했다. "미국 최고 권력의 정점에 흑인과 백인, 혼혈(오바마)과 이민자(멜라니아), 문화가 전혀 다른 북부 출신과 남부 출신, 정치 명문가·부유층과 서민 출신이 모두 들어있다. 이들이 민주주의 원칙에 따라 권력을 행사했고 이제는 어깨동무를 할 수 있다."

뉴욕 타임스도 "배경이 전혀 다른 전직 대통령과 그 가족들을 필두로, 장례식장을 찾은 8000여명의 조문객에는 유명한 부유층부터 이름 없는 노동자 계급이 섞여 있었다"고 전했다. 이들의 어깨동무가 설령 노련한 정치인들의 카메라용 포즈라 해도, 다원화된 사회에서 반대 세력을 존중하고 예의를 지키라는 국민의 요구가 그만큼 무겁다는 얘기다.

대한민국은 개도국의 희망

대한민국의 지난 70년은 5천년 한반도 역사에서 가장 빛났던 시간이다. 수천 년 동안 일관되게 우리를 괴롭혀온 끔찍한 중국, 가공할 무력과 침략으로 조선을 식민지로 만든 일본, 사실상에 6.25를 일으켜 지금의 고통을 안겨준 러시아까지 최악의 이웃들로 둘러쌓여 처절하게 생존해 왔던 우리 민족이다. 유일하게 영토야욕이 없는 미국을 만나 기사회생했다. 그런 인고의 시간을 통해 마침내 대한민국은 여기까지 왔다. 단지 경제뿐만 아니라 모든 면에서 대한민국은 세계 속의 성공한 국가로 나아가고 있다.

세계에 단 일곱 나라뿐인 30-50 Club(인구 5천만 이상, 일인당 GDP 3만$)에 포함되고 제조업 분야에서는 미국, 일본, 독일 다음의 초강국 대한민국이다. 그러나 세계가 우리를 경이의 눈으로 바라보는 반면 우리는 아직도 모든 시각과 관심이 국내에만 머물고 있다. 세계에서 열 한 번째로 유엔에 돈을 많이 내는 나라가 오직 국내문제에만 몰두하고 있고 한국이 관련되지 않는 국제적 이슈에는 전혀 관심이 없는 것 또한 사실이다.

개도국에 반부패정책을 전파하러 가서 가장 강조하는 내용은 한국을 배우라는 것이다. “내 메세지는 심플하고 명쾌하다. 가장 우수하고 애국심이 충만한 젊은이들로 정부를 채워라” 대한민국의 성공은 가장 우수하고 능력 있는 젊은이들이 정부에 들어갈 수 있었고 그들로 구성된 우수한 정부가 있었기 때문에 가능했다. 5~60년대 극심한 빈곤과 부패 속에서도 대한민국 공무원 채용 시험만은 놀라울 만큼 투명하고 공정했다. 그래서 가난하고 힘없는 집안의 자제들도 능력만 있으면 공무원이 될 수 있었다. 부패는 검찰· 경찰을 더 늘린다고 없어지지 않는다. 경제, 사회 발전을 통해 모든 과정이 점차 투명해져야만 가능하다. 대한민국의 기적은 공무원 채용에서부터 시작되었음을 기억하라!

대한민국 성공 70년, 100여 개 개도국의 살아있는 희망이다!

아내의 빈자리

꿈의 도시 뉴욕! 아~~~뉴~~~욕(절규하는 신음소리임)

혼자 사는 자, 특히 60살 가까운 늙은 자에게는 처절한 생존투쟁의 장이다. 뉴욕시 소득의 90%는 식당, 호텔 등 서비스업에서 발생한다. 뉴욕은 곳곳이 세계 모든 나라들의 음식을 먹을 수 있는 식당으로 가득하다. 그러나 내가 먹을 것은 거의 없다. 일식은 먹고 돌아서면 배고프다. 양도 적고 비싸다. 미국식은 푸짐하고 엄청나다. 한 번 먹으면 한 달 동안 아무 생각 없다. 중국식은 온통 기름덩어리… 태국, 인도는 냄새 때문에 못 먹는다. 우리 밥뿐이다.

그런데 밥하는게 간단치가 않다. 취미로 하는게 아니라 적어도 매일 하루에 한 끼는 먹어야 하는 것에 문제가 있다. 어릴 때 어머님께서 "오늘은 또 뭘 해 먹어야 하나" 하시던 말이 문득 생각난다. 직장 다니면서는 집에서 거의 먹지를 않았으니 집사람에게서는 그런 말들은 기억이 별로 없다. 중요한 것은 여기서는 내가 움직이지 않으면 굶어야 한다는 사실이다. 아무도 해 주는 사람이 없다. 내가 사는 집 근처는 한국 음식 사 먹을 곳도 배달해 먹을 곳도 없다. 맨해튼이나 퀸즈 끄트머리 플러싱까지 가야한다. 냉동고 가득 집사람이 차곡차곡 쌓아놓은 각종 밑반찬과 찌게들… 그러나 똑같은 것들을 계속 먹기가 힘들다.

콩나물국밥, 된장찌개, 연포탕, 간장게장, 두부찌개, 생태탕,

대구탕… 그저 꿈속에서나 가능하다. 간신히 이것저것 꺼내 한 끼 때우고 나면 치우는 게 더 큰 일이다. 다행히 미국은 음식쓰레기를 분리하지 않아 그나마 버틴다. 한 끼 먹으려 온통 헤집어 놓은 전쟁터 같은 부엌을 보고 있노라면 처참한 생각마저 든다.

집사람이 해주는 밥, 가만히 앉아 수저만 움직이다 숟가락 놓고 다시 하던 동작으로 살아왔던 시절 지금 생각하니 꿈의 시간이었다. 그러나 집사람도 늙고 있다. 언제까지 지금처럼 편히 얻어먹을 수는 없을 것이다. "한국에 계신 분들 모두 다들 집사람에게 존경과 감사 표시하며 하루하루 잘 모시기 바랍니다."

뉴욕 생존현장에서

성공으로 이끄는 리더, 조지 워싱턴

위대한 장군, 전쟁영웅, 초대 대통령… 워싱턴을 부르는 이름들이다. 그의 삶은 "중심과 절제"로 요약된다. "진정한 힘은 그 힘을 버리는 것에서 나온다."(조지 워싱턴, 1796년 하원의장에게 보내는 서한)

(중심)
그는 통합과 단결을 이루어내는 중심적 역할을 하였다. 식민지 시절 미국은 모든 것이 갈라지고 대립하던 분열의 시대였다. 영국을 지지하는 다수 세력과 독립을 쟁취하려는 세력, 연방을 만들려는 세력과 주를 중심으로 하려는 세력 간의 갈등, 산업화와 농업주도의 갈등, 노예를 둘러싼 대립, 종교와 인종갈등. 당시의 중론은 '워싱턴이 없었으면 미국 독립전쟁은 얼마 안 가서 실패로 끝났을 것이다.' 이었다.

미국인 중 영국지지 세력인 왕당파에 비해 독립파에 대한 지지율이 그다지 높지도 않았기 때문에 만약 인망이 없는 사람이 독립군을 지휘했으면 바로 민중의 지지를 잃고 독립군은 실패할 수밖에 없는 상황이었다.

워싱턴은 식민지 시절 영국군에 입대해 인디언과의 전쟁을 통해 군 경력을 쌓았다. 그러나 식민지 출신의 한계를 절감하고 군을 떠나게 된다. 그는 전술의 천재는 아니며 독립전쟁 당시에도 영국군과의 전투에서 거의 연전연패하였다. 당시 미국 독립군을 지휘할 만한 역량을 가진 인물은 극도로 부족했는데, 그 이유는 영국군의 보조병

격이었던 식민지 군 출신들은 원주민 또는 비슷한 처지의 프랑스 식민지군이나 상대해 본 사람이 대부분이었고, 영국군같이 고도화된 유럽의 선진 군대와 싸운 적이 없었기 때문이다. 워싱턴은 개별 전투를 승리로 이끄는 전술적 능력은 부족했지만 미국 독립전쟁을 소모전으로 규정하여 결국 세계 최강 영국군을 미국에서 지치게 하여 패퇴시키는 대전략을 수립함에 있어서 중심적 역할을 수행했다.

어쨌든 전술적으로는 대단한 평가를 받지 못하지만 인품과 친화력, 그리고 리더십으로 각각의 개별국가나 마찬가지였던 13개 주를 단합시켜 끝내 독립을 쟁취한 것은 그가 아니면 불가능했다. 워싱턴이 대통령으로 취임했을 때 부통령은 존 아담스, 국무장관은 토마스 제퍼슨, 재무장관은 알렉산더 해밀튼이었다. 아담스-제퍼슨-해밀턴은 서로가 서로를 극도로 싫어하는 사람들이었다. 이런 상황 속에서 워싱턴은 어떤 전례도 없고 참고할 것도 전혀 없는 세계 최초의 자유 민주주의 시스템을 구축해 간 것이다. 놀라운 사실은 워싱턴이 8년 간 재임하면서 구축한 미국 정부 시스템은 220년이 지난 지금에도 거의 변하지 않고 있다는 점이다.

서로 다름을 통해 최고의 창조와 역량을 창출해 낸 사람이 워싱턴이다. 워싱턴이 주도적으로 참여하여 1788년 제정되어 1791년 13개 주가 모두 비준하여 비로소 효력을 발하게 된 미국 헌법의 첫 문장은 "We the people of the United(연대한 사람들인 우리들은)………"로 시작한다. 워싱턴은 미국의 진정한 통합(united)을 만들어 낸 사람이다.

(절제)

시작과 끝남이 모두 아름다웠던 워싱턴은 진정한 영웅이었다. 리더의 절제에 의해 세계 최초, 세계 유일의 자유민주주의(영국은 왕정) 미국이 탄생하게 된다. 미국 헌법에는 중임 제한규정이 없었다.[57) 워싱턴을 왕으로 추대하려는 사람들이 많았다. 모든 혁명은 독재와 종신 집권으로 이어지지만 미국혁명은 유일한 예외였다.

워싱턴은 미국 혁명 후에 자신을 지지하는 군대와 국민들의 지지를 등에 업고 다른 권력자들처럼 종신 집권을 위한 정적제거와 독재체제 구축이 아니라 자신의 권력을 제한하는 헌법을 제정했고 3권분립의 기초를 굳건히 만들었다. 권력을 잡았다가 놓기란 정말 쉽지 않다.

워싱턴은 독재자가 될 수 있는 모든 조건을 갖추고 있었다. 민중의 지지도 있었고 정부 권력을 확고히 쥐고 있었으며, 군대마저 그의 통솔 하에 있었던 데다 본인이 군인이기도 했다. 대통령의 개념이 잡히지 않았을 시기라 마음만 먹었다면 왕으로서 종신집권도 가능했을 것이다. 그러나 그는 그 모든 유혹을 이겨냈다. 평화로운 권력이양(Peaceful Transition)을 몸소 보여주며 이를 미국의 정치적 전통으로 만들었다. 미국이 개국 이래 지금까지 민주주의를 지속적으로 펼 수 있었던 것은 워싱턴의 역할이 가장 컸다.

지금 21세기에서도 형식은 민주주의이지만 왕처럼 행동하는 독

57) 2차 대전이라는 비상사태 시절 루즈벨트가 4회연임을 한 뒤에 1951년에야 법으로 4년 중임제가 명시됨

재적 지도자가 상당수 있는 현실을 보면 국가의 장래를 위해서 스스로 물러난 워싱턴이 얼마나 대단한 사람인지 알 수 있다. 먼지만큼도 안 되는 권력과 권한을 차지하려고 아귀다툼하는 사람들은 어디서든 쉽게 찾을 수 있지만 스스로 권력을 포기하는 사람을 찾기란 쉽지 않다. 리더는 위에 있는 사람이 아니다. 권력이 크고 지위가 높다고 리더가 되는 것은 아니다. 그들은(패거리)의 우두머리, 보스일 뿐이다. 리더는 중심에 있는 사람이다. 중심이 살아 있으면 아무리 어려운 상황이라도 극복할 수 있다.

미국이 흔들릴 때 사람들은 건국의 아버지들을 떠올린다. 그 혼란과 갈등, 대립과 분열의 식민지에서 새로운 나라, 미국을 탄생시켰던 그들을 기억한다. 그들은 미국인들의 중심이었다. 그러나 조지 워싱턴이 없었다면 그 각각의 뛰어난 아버지들은 어쩌면 각각 작은 나라들의 아버지가 되었을지도 모른다. 그랬다면, 미국은 오늘의 유럽 같은 대륙이 되었을 것이다. 아담스는 친 영국 메사추세스국 창설, 제퍼슨은 친 프랑스 버지니아국가 건국……

조지 워싱턴은 그들 각각의 건국 아버지들을 통합해 낸 통합의 아버지이다. 조지 워싱턴을 통해서 자유민주주의라는 시스템이 탄생, 유지, 발전하고 있다. 미국이 존재하는 한, 자유민주주의가 유지되는 한 많은 사람들의 가슴 속에 워싱턴은 여전히 살아 있을 것이다.

“그로 인해 그 자리가 빛나고 주변 사람들이 행복하다면 그는 진정한 리더”이다.

유머vs.비관, 그 사회적 성격

사회를 구성하는 사람들의 생각이나 가치관들이 일정한 성향을 보이는 것을 말한다. 내가 보기에 한국인들의 사회적 성격은 “부정적 가치판단에 기반을 둔 사실(fact) 회피 또는 거부”에 가깝다는 생각이 든다. 일단 한국인은 부정적이다. 독서를 하지 않는 대부분의 한국인은 자신의 주관적 생각에서 판단의 근거를 얻는다. 언론은 부정적이거나 선정적인 보도가 주를 이루고 있다. 그나마 깊이 있는 분석을 제공하는 언론사 칼럼을 얼마나 읽는지는 미지수이다. 구체적인 노력(독서, 방문 등)이나 스스로의 진지한 고민과 검증 없이 쉽게 다른 나라, 다른 사회를 판단한다. 다른 나라에 대해서는 대부분 부정적 견해가 주를 이룬다.

일상의 한국인들은 일단 웃음과 유머가 부족하다. 개그 콘서트라는 프로그램을 보지 않고는 웃을 일이 별로 없는 것 같다. Sense of humor, 미국인들의 대표적인 사회적 성격중의 하나이다. 어디든 사람이 만나는 공간에서 서로 웃기려고 하고 서로 웃으려는 준비가 되어있다는 느낌을 많이 받는다.

사람의 삶은 어디서나 쉽지 않다. 그러나 그러한 삶의 표현방식은 사람들의 가치관과 생각에 따라 큰 차이가 난다. 낙천적이고 긍정적인 사람들이 많은 사회와 부정적이고 비관적인 사람들이 많은 사회는 미래라는 결과에서 많은 차이가 난다. 밝고 긍정적인 사람들이 많은 사회는 가능한 다른 사람 다른 사회, 나라들의 장점을 보려고 한다. 반면 비관적이고 어두운 성격의 사람들이 많은 나라는 단점과 부정적인 면을 많이 본다. 어느 나라 어느 사회나 인간이 살아가는 곳은 늘 문제가 있고 갈등이 있다. 요체는 생각의 방향이다. 그 방향에 따라 현재와 미래가 결정된다.

사실(Fact)은 변하지 않는다는 말의 의미

1910년 프린스턴 대 정치학박사 학위 수여식[58]에서부터 이승만은 미국에 대한 공개적 비판을 서슴지 않았다. 그 후 이승만은 진주만 공격 직전까지 일본과 관계유지를 해오던 미국에게는 공공의 적이었고 제거대상 1호였다. 한국전 당시 줄곧 트루먼정부의 적은 중공과 북한이 아니라 이승만이었다. 그만큼 이승만은 미국 정부에게는 눈엣가시였다.

자유민주주의는 교양과 상식을 지닌 시민사회의 존재를 절대적으로 필요로 한다. 상식과 교양을 지닌 시민사회는 독서라는 재료와 토론이라는 공간의 공유 없이는 불가능함을 토크빌[59]은 그의 책에서 웅변하고 있다.

교양이 없는 사람은 두뇌를 경작하지 않은 사람이다. 사람이 경작하는 것은 논, 밭만이 아니다. 두뇌, 즉 지적능력을 늘 경작해야 한다. 사람이 짐승과 다른 것은 나이가 들수록 지적능력이 커지는 것이다. 지적능력은 무엇보다도 사실(팩트)에 근거하는 분별력이 핵심이다. 나이가 들어 지적능력이 떨어지는 것은 팩트 보다는 주장과 아집에 빠지기 때문이다. 스스로의 지적능력을 경작하지 않고 아집에만 빠지기 때문에 사고력과 분별력 모두 부족해진다. 거기에 괴기

58) 당시총장: 우드로우 윌슨, 이후 19대 미국 대통령에 취임한다.
59) 알렉시스 토크빌이 미국에 10개월간 체류하면서 미국 여러 곳을 여행하며 던 책 " Democracy in America 1832"

한 인성과 잡스러운 경력이 더해지면 경박하고 난잡한 사이비 지식인이 되고 만다.

국민 개개인의 지적능력이 낮은 나라는 쇠퇴한다. 국력은 국민들의 지력의 총합이기 때문이다. 낮은 지력보다 더 한심한 것은 사이비 지식인들의 난립이다. 이승만 대통령을 미국 괴뢰 운운하는 K는 그 대표적 인물이다. 사람에 대한 평가는 누구나 다를 수 있다. 위대한 업적을 남긴 인물도 분명히 그가 남긴 과(잘못됨)로 인해 비판받을 수 있기 때문이다. 국제사회에서 존경받는 인물이 거의 없는 우리 현실에서 국제연맹, 미국, UN을 망라해 세계적 자취와 업적으로 존경받는 거의 유일한 한국인을 차마 입에 올릴 수도 없는 저질스런 발언으로 그것도 한국 제일의 공영방송에서 했다는 사실에 나는 엄청난 충격을 받았다.

사실(팩트)는 이승만은 미국의 괴뢰가 아니라는 것이다. 한국에 관심이 없고 한국에서 하루 빨리 손을 떼고 싶어 하는 미국을 상대로 이승만 혼자서 미국을 성가시게 하고 때로는 괴롭혀서 미국의 가장 큰 골칫거리가 되었던 미국의 공적이었다. 이승만은 대한민국의 생존과 국익을 위해 혈혈단신으로 미국에 저항하고 대한민국에 유리하도록 세계 최강인 미국에 협박과 위협조차 불사했던 위대한 한국인이었다. 기본적인 팩트 조차 제대로 알지 못하면서 궤변을 일삼는 K 같은 사이비 지식인은 두뇌를 경작하지 않은 인사의 대표적이라 할 수 있을 것이다.

이승만 박사 1910년 프린스턴대학 박사 학위 논문, "미국의 영향에 따른 중립성"
지금도 그 정도의 영어를 구사하는 한국인은 거의 없다고 한다.
아마존에서 구입

6월말, 뉴욕의 이모저모

6월의 마지막 날이다. 이제 UN은 휴가모드로 접어든다. 사무실의 내 좌우 동료들은 어느새 보이지 않는다. 우리로 치면 국장, 과장이 모두 휴가를 떠났다. 국장이 4주, 과장이 2주. 여기 국장은 나보다 2살 많다. 벨기에 사람인데 대부분의 벨기에 사람이 다소 무뚝뚝한데 이 사람은 유머가 뛰어나다. 나와 죽이 잘 맞는다. 오늘 오후 내게 와서 휴가 간다고 하길래 잘 다녀오라고 했다. 다음 주 금요일 점심하자고 했더니 내일 휴가 출발해서 8월3일 사무실에 돌아온다고 한다. 7월이면 나 혼자 사무실에 있을 것 같다. 우간다에서 날 보고 정부부처 개혁을 도와 달라고 한다. 부처들 도와주는 일은 재미있겠지만 별로 안 가고 싶다. 황열병 주사가 싫고 말라리아모기도 무섭다. 한낮은 30도가 넘지만 밤에는 서늘한 뉴욕이 더 좋다.

많은 사람들이 트럼프를 욕한다. 나도 싫다. 그런데 미국은 마구마구 살아나고 있다. 실업률이 오바마 집권 1년 후 2010년 3월에는 9.9%, 트럼프 1년후 2018년 5월에는 3.8%, 거의 완전 고용이다. 해외수익에 대한 감세는 애플과 글로벌 IT기업 주식 폭등의 가장 큰 원인이다. 애플 시가총액은 9800억$ 곧 1조$(2107년 한국 GDP 1조 4100억$)가 된다고 한다. 법인세가 대폭 감소되면서 중국과 해외에서 떠돌던 현금이 미국 안으로 쏟아지듯 밀려들고 있다. 2016년 기준으로 애플 2300억$, 마이크로 소프트 1240억$, 구글 610억$의 수익금이 해외 은행에 배치 돼 있다. 이들 돈을 미국 안으로 갖고 올 경우 35%의 법인세를 물어야 한다. 올해 들어 트럼프는 이들 글로벌 IT기업에 대한 법인세를 한시적으로 15.5%로 내린다고 발표했다. 35%에서 21%로 내린 것도 엄청난 데, 다시 15.5%로 특혜를 준 것이다. 주식이 폭등하고 최저임금이 올라가고 흑인들의 실업률이 최저로 감소하고 사람들은 여기저기 돈을 막 푼다. 뉴욕은 온 사방이 사람 천지 돈천지다. 뜨거운 여름 뉴욕을 돌아다녀보면 나 역시 괜시리 뜨거워진다.

지금은 금요일 밤8시가 조금 넘은 시각. 사무실에 아무도 없다. 10층 그 큰 사무실에 나 혼자다. 나는 금요일 저녁에 주로 혼자 있는다. 청소 아줌마가 눈을 동그랗게 뜨고 자꾸 물어 귀찮은 거 말고는 너무 좋다.

UNDP 10층의 사무실. 6시 이후에 사무실에 남아있는 직원은 없다.

워낙 임대료가 비싸 여기는 아무도 방이 없다. 20여 년 전 사무관 시절 사무실에 혼자 있을 때가 좋았는데 지금 다시 그 시절로 돌아온 것 같다. 늙은 사무관으로…. 늙으나 젊으나 자유는 참으로 좋은 것이다. 아무에게도 구속받지 않고…. 구속받지 않는 것은 좋긴 한데 사실 외롭다. 거의 모든 금요일에 혼자 있다. 처음에는 너무 신났다. 그러나 금방 외로워졌다.

뉴욕은 보름달도 눈이 부시다. 달이 눈부실 수 있다는 사실을 뉴욕 와서 처음 알았다. 어제 달이 너무 눈이 부셔 집 근처 강변공원에서 사진 찍었는데 내 오래된 폰으로는 눈부신 달을 표현할 수가 없어 안타까웠다. 밝은 달을 보며 잠시 고독을 잊어 본다.

뉴욕에서 혼자 만들어 먹는 오징어볶음

너무 먹고 싶어 네이버 레시피 보면서 만들었다. 다행히 집사람이 만들어 둔 양념이 있어 가능했다. 제일 중요한 고추장은 해남형님이 보내준 게 있었나. 된장, 고추장, 완도 김, 쥐포 등 생존식품은 해남형님이 보내준다. 친형제같이 소중한 형님이다. 실패하면 다 버려야 되는 데 시키는 대로 해서인지 제대로 되었다. 떡과 깨소금까지 넣었다.

생애 최초로 만든 오징어 볶음

궁하면 통한다. 그러나 온통 땀으로 목욕하고 밥보다 물을 더 먹어야 했다. 어제 지하철타고 15정거장 가서 오징어가 너무 먹고 싶어 일단 샀다. 내 딸 푸름이가 대학을 다닌 지역인 로드 아일랜드 산이라 더 반가웠다. 여기 사람들은 squid(오징어)를 우리만큼 안 먹는다. 한국은 엄청 비싸다는 데 이곳 할인마트는 엄청 싸다. 냉동 12

마리가 만 천 원정도. 뭐든 우리 동네보다 반값이다. 차가 없어서 극기 훈련 코스로 양손에 이고 매고 플러싱으로 장보러 간다. 완전 보따리 상인이다. 왜 싸냐하면 중국사람이 많이 살고 있다. 뉴욕이지만 공용어가 중국어다. 내가 가만히 있으면 중국말로 묻는다.

처음에는 지저분하고 시끄러워서 싫었는데 뉴욕에서 살다 보니 혼자서 외로워서인지 요즘은 시끄러운 것도 봐 줄만하다. 난 중국사람들을 보면 참으로 이해가 안 간다. 맨해튼 차이나타운이나 여기 플러싱이나 중국인들이 몰린 곳은 다 지저분하다. 중국인=지저분=시끄러움 등식이 자랑스러운 모양이다. 195개 회원국이 모인 UN 본부 광장에서도 확성기 틀고 떠드는 나라는 중국뿐이다.

며칠 전 한국에서 지인이 왔다. 나보고 너무 보기 좋다며 강남에서는 몇 천 만원 주고 헬스하며 살 빼는 데 얼마나 좋으냐고 한다. 못 먹어서 살이 빠졌는데도 말이다.

한글과 한자와 일본어

독일 쿠텐베르크 보다 우리 금속활자가 200년이 앞서서 발명되었지만 백성을 위한 한글이 상용화되지 못해 백성은 여전히 문맹상태였다. 반면 200년 늦게 발명된 쿠텐베르크의 활자는 일반 대중들이 사용하는 독일어로 인쇄가 이루어짐에 따라 대중들의 문맹률을 크게 낮추었다. 독일어로 씌여진 성경과 종교개혁 글 들은 결국 유럽의 역사를 다시 쓰게 만들었다.

한글은 발명이후 지식인 계층의 거부 · 무시 등으로 거의 문자로서의 기능을 상실하고, 백성들의 간단한 의사소통과 중국문학 번역 정도에 그쳤으나 일본은 에도시대 이전 카마쿠라 막부시절부터 히라가나를 지속적으로 발전시켜 한자 없이 히라가나만으로도 문학 및 소설 등은 물론 완벽한 문자로서의 기능을 하게 되었다. 사원(절)에 속한 일종의 강습소인 테라코야에서 계층에 관계없이 일본어를 습득했다. 일본어를 가르쳤던 테라코야의 숫자는 전국적으로 수 천 개가 넘었다고 한다. 이러한 높은 문자 해독률을 바탕으로 수백 년 전부터 상업적으로 서적이 유통되었으며 실용적 독서는 물론 높은 수준의 교양서적 등도 읽혀지게 되었다. 그 결과가 메이지시대 일본어를 통한 서구문명의 개념화이며 지금 우리가 사용하는 거의 모든 개념어들(자유, 문명, 사회, 개인, 권리, 철학, 예술, 법률, 경제, 민주, 정부, 학문, 국가, 기업, 회사, 야구, 축구, 농구, 신경, 동맥, 정맥, 뇌 등)은 모두 일본이 만든 것이다.

우리는 아무 생각 없이 이런 단어들을 쓰지만 만약 이러한 개념어가 존재하지 않는다면 의사소통조차 분명하게 할 수 없게 된다. 이러한 개념어들은 단순한 번역이 아니라 오래 전 견수사·견당사·조선통신사의 전통이 메이지시대 이와쿠라 사절단 등으로 이어져서 서구문명을 직접 가서 체험한 수많은 메이지시대 지사들이 그 문명에 대한 철저한 해부와 분석을 통해 얻어진 지적 결정체들이라 할 수 있다.

후쿠자와 유키치(게이오 대학 설립)는 Democracy를 처음에는 하극상으로 번역했다가 다시 민주주의로 바꾸었으며 Civilization을 문명으로 Right는 권리로 Society를 사회로 번역했다. 중국도 서구문명을 나름대로 해석(만국공법 등)하려 했으나 선진 문물에 대한 수용의 깊이와 국제적 감각에서 일본의 상대가 될 수 없었다. 한자의 종주국인 중국은 물론 소중화를 자처하는 조선도 아닌 한자 문명의 막내인 일본이 서구 문명에 대한 한자어 개념화를 완성하였다.[60)]

우리는 미국에 의해 해방을 얻었지만 우리의 사고체계를 형성하고 세상과 사물을 바라보는 모든 시각은 일본이 만든 개념어를 통해서 가능했다. 진정한 극일은 그러한 일본식 개념어부터 우리 글로써 바꾸어 나가야 할 것이다. 대한민국이 선진국이 되기 위해서는 다양한 분야에서 일본을 극복해 나가야 할 것이다.

---

60) ECONOMY를 중국에서는 생계, 일본은 경제로 번역. 일본의 승리. 생계학 vs 경제학

미국은 어떻게 식민지에서 초일류가 되었나

여기 와서 월급 받는 일 말고 열심히 하는 3가지 일은 첫째, 열심히 밥하고 설거지하고 청소하고 빨래한다. 먹고 살아야하기 때문이다. 둘째로 뉴욕 5개구(맨해튼, 퀸즈, 브룩클린, 브롱스, 스태튼 아일랜드) 중에서 가장 유명하고 한국이 사람 많이 사는 맨해튼과 퀸즈를 샅샅이 살펴보는 일이다. 셋째는 미국의 역사와 인물들을 공부하는 것이다.

나는 1995년에서 1997년까지 미국 유학을 다녀온 이래 두 가지가 평생 궁금해서 지금까지 그 답을 찾아다녔다. 다행스럽게 거의 다 찾았다. 전문 분야 박사(ph.d)는 아니지만 20년 넘게 일관되게 깊이 있게 공부해 왔기 때문에 이 두 가지 질문에 대해서만큼은 스스로 자신 있다고 자부한다. 그 첫째 질문은 식민지에서 출발한 미국이 세계 최고의 나라가 될 수 있었던 이유는 무엇인가다. 둘째는 조선은 왜 일본의 식민지가 되었을까다.

미국 건국의 아버지들(Founding Father) 열 명 중 사뮤엘 아담스, 존 핸콕, 토마스 페인(상식의 저자), 페트릭 헨리(자유가 아니면 죽음)은 덜 알려져 있지만 벤자민 프랭클린(제헌의회 의장), 조지 워싱턴, 존 아담스, 알렉산더 해밀튼(초대 재무장관), 토머스 제퍼슨(1776.7.4. 독립선언서 초안), 막내 제임스 메디슨(헌법의 아버지) 그리고 건국의 아버지는 아니지만 7대 대통령 앤드류 잭슨은 알아 놓을 필요가 있다. 책을 사서 읽고 다큐멘터리도 열심히 본다.

한 사람 한 사람 모두 별나고 괴상하다. 그 중 조지 워싱턴이 그나마 평범하다. 서로 생각들도 각각이다. 내가 보기에는 건국의 아버지들이 아니라 "불화하는 아버지들"같다. 같은 시기 대통령, 부통령, 국무, 재무장관 등으로 함께 일했던 해밀튼과 제퍼슨, 제퍼슨과 아담스, 프랭클린과 아담스 모두 서로 거의 원수에 가까운 정적들이었다.

1826년 제2대 대통령 존 아담스가 죽기 전에 남긴 유언은 "아직 제퍼슨이 살아 있다"였다. 그러나 사실은 두 시간 전에 제퍼슨도 죽었다. 두 사람 모두 독립기념일 50주년인 7.4일 같은 날에 죽었다. 미국 연방을 만드는데 가장 크게 기여했던 해밀튼도 사사건건 충돌했던 부통령 버와 뉴저지에서 권총 결투로 결국 사망한다.

초대 대통령 워싱턴은 1789년 수도 뉴욕에서 취임했다. 미국 수도였던 뉴욕이 1791년 지금의 워싱턴으로 바뀐 것은 독립전쟁 비용 분담을 위한 해밀튼-제퍼슨-아담스 대립에서 절충안으로 만들어진 결과다. 제퍼슨은 연방정부보다 농촌 공동체를 중심으로 하는 개별 주들의 자치와 독립을 주장했다. 반면 해밀튼은 공업화에 기반한 강력한 연방정부를 주창했다.

미국 역사상 최초로 무학력 서민출신 대통령인 앤드류 잭슨이 1815년 영국과의 전쟁에서 승리하지 못했다면 미국은 캐롤라이나 공화국, 버지니아 공국, 조지아 국가 등 수십 개의 크고 작은 나라로 분리되었을지도 모른다. 1815년 이전에는 미국인이라는 개념이 존재하지 않았다. 버지니아출신, 조지아출신, 펜실베이니아인 등으로 불렸다. 1815년 뉴올리엔스 전쟁이후 비로소 'I am an American.' 이라고 부르기 시작했다.

겉으로 보이는 그들 간의 의견대립과 상호비방은 우리와 별로 다르지 않다. 그렇다면 우리 정치 지도자들과 미국 건국의 아버지들과는 무엇이 다를까? 내가 내린 결론은 건국의 아버지들이 지닌 애국심과 개인적 역량이다.

우리 정치인들이 늘 외치는 '국민을 위한' '국민의 뜻으로' 등의 말은 정권을 잡기 위한 술수와 말잔치에 다름 아니고 결국 패거리들의 부패와 정치보복으로 이어진다. 미국 건국의 아버지들은 국가의 미래와 국민들의 행복과 자유를 보장하기 위해 자신의 목숨과 모든 것을 바치는 진정한 애국심으로 헌신했다. 그들은 자신들의 수준 높은 역량과 애국심을 바탕으로 아무것도 가진 것 없던 식민지 미국을 세계의 중심으로 만드는 토대를 제시했다. 1789년 지구상에 단 하나의 나라, 왕과 특권 귀족이 아니라 평범한 사람들이 대표를 선출하는 자유민주주의 국가 미국의 초석을 만들었다.

미국 지폐(1, 5,10, 20, 50, 100달러)에는 건국의 아버지들과 앤드류 잭슨이 그려져 있다. 제3대 대통령 토머스 제퍼슨은 스스로 만든 묘비명에 대통령 역임이라는 말은 넣지 않았다. 자신이 평생 했던 많은 일들 중에 대통령 재임 8년이 가장 무의미 하고 시간 낭비였기 때문이라고 한다.

미국의 번영은 권력으로 만들어 낸 것이 아니다. 모든 사람의 지혜를 모아 끊임없이 도전하고 수정하고 변화하며 창조하는 과정을 되풀이 해 온 결과이다. 미국의 도전과 창조는 지금도 바다와 우주 그리고 구글과 아마존에서 멈추지 않는다.

표현하지 않으면 모른다. 고마움에 대하여

우리는 고마움을 잘 표현하지 않는다. 표현하지 않으면 알 수 없다. 뉴욕, 미국을 좋아하는 이유는 그들의 밝은 표정과 활발한 표현이 좋기 때문이기도 하다. 감정을 표현하고 특히 고마움에 대해 표현하는 것이 어색한 우리로서는 그들의 당당하고 솔직한 표현이 이상하게 느껴질 수도 있다. 그러나 그렇게 표현하는 그들이 나는 좋다. 그런 표현을 볼 때 나는 즐겁다. 그들은 공개적으로도 칭찬하고 고마워하는 데에 익숙하다. 우리는 정반대이다. 공개적으로 누굴 감사하고 칭찬하면 오해 받기가 쉽다.

카톡도 공개적인 장소이다. 따라서 많은 사람들이 솔직한 감정을 잘 표현하지 않는다. "않는다 보다는 못 한다"가 맞을 것이다. 난 표현하고 싶다. 격하게 고마움을….

100세 인생이라고 하지만 활동할 수 없는 단계에 이르게 되면 이미 살아있는 것이 아니다. 살아있을 때 활동 할 수 있을 때 더 많이 표현하고 더 많이 고마워하자.

늦은 나이지만 행시에 합격할 수 있었음에 너무 감사하다. 그래서 나보다 몇 배는 더 우수한 인재들과 행시동기가 될 수 있음이 너무 고맙다. 또한 부족한 나를 형으로 불러 주고 늘 도와주는 동기들이 너무 고맙다. 사실 나는 그들에게 아무것도 해 준 것이 없다. 오히려 동기라는 이유로 귀찮게만 하는데도….

유엔에 나와 일할 수 있음이 너무 고맙다. 60이 다 된 내 나이에 20년 이상 차이 나는 수많은 나라의 인재들과 함께 일할 수 있음에 고맙다. 나를 보내준 국민권익위원회, 혁신인사처 담당자들도 고맙다. 뉴욕에서 생활할 수 있음에 너무 고맙다. 대한민국 공무원이라는 것이 자랑스럽다.

세상은 감사와 고마움으로 가득 차 있다.

고독한 뉴요커

어제도 사무실에서 혼자 타이핑하며 개도국 반부패 전략보고서 만들다 집에 와서 겨우 저녁 차려 먹고 바로 쓰러져 눈뜨니 새벽 3시였다. 깊은 산속 절간 같은 아파트에서 밖으로 나와서 잠깐 걸으니 바람이 너무 차가워서 다시 집으로 들어갔다[61]. 혼자 지내는 뉴욕 생활도 이젠 14개월에 접어들고 있다.

내 평생 처음 맛보는 완벽한 고독과 외로움이다.

어떤 이들은 고독을 즐긴다지만 볼 수 있고 만날 수 있는 사람들이 옆에 있으면서 안 보는 것과 아예 볼 수 없는 것과는 다른 것이라 생각된다. 새벽에 아무도 없는 아파트에 혼자 일어나 있는 내 모습을 미국 사실주의 화가 에드워드 호퍼가 봤으면 내가 바로 그의 그림 모델이 되었을지도 모른다는 생각이 든다.

노년 뉴요커의 고독?

차가 있었다면 미국 사실주의 화가 호퍼의 생가가 있는 허드슨 강변 뉴약에 여러 번 갔을 것이다. 지난 여름에 갔을 때도 그곳은 쓸쓸했다. 미국의 전반적 정서는 발랄, 밝음 속의 외로움이라 생각된다. 누가 미국으로 이민 와서 옆에 있던 미국사람들에게 "난

---

61) 1월 뉴욕기온은 서울보다 체감 온도가 3~4도 낮다. 바람 때문이다. 눈 내리고 난 다음날은 북대서양의 칼바람이 귀를 시리게 한다.

stranger(이방인)"라고 얘기 했더니 같이 있던 사람들 모두가 "We are all strangers as well.(우리 모두도 역시 이방인이다.)"라고 했다고 한다.

물질이 아무리 풍요롭고 자연이 아무리 아름다워도 수 백 년 살아온 자신들의 뿌리는 누구에게나 늘 그리움의 대상이다. 그리워할 수 있고 돌아갈 수 있는 곳이 있다는 것만으로도 행복하다. 그리워도 갈 수 없는 나라들이 많은 현실속에서 우리는 행복한 사람들이다.

중국을 생각한다

에피소드 1

난민과 이웃 국가

한국에서 전쟁이 나서 우리가 난민이 된다면 어디로 갈 수 있을까?
아니 어디로 가야할까?
먼저 지리적으로 가장 가까운 일본과 중국!
일본은 2017년에 총 열 아홉 명 난민을 받아들였다.
늘 일본을 비난하는 중국은 몇 명 받아들였을까?

정답

0 명!
놀랄 일은 아니다. 중국의 유구한 전통이 그래 왔으니….
"로마는 길을 만들어 세계와 연결했고 피보다는 로마의 정신을 공유하는 자들에게 입양을 통해 황제의 자리까지 개방했던 열린 국가였다. 반면에 중국은 만리장성을 쌓아 외부세계와 단절하고 철저히 피와 혈연만을 중시한 닫힌 세계였다"

미국은 어떨까? 2017년 한 해에만 5만 2583명 난민을 받아들였다. 6.25 전쟁부터 시작된 비극적 해외입양! 2017년까지 약17만명이 넘는 우리 아이들이 해외로 입양되었다. 미국 11만 2천명, 프랑스 1만 1183명, 스웨덴 9652명…. 그러나 중국과 일본은 입양조차 불가하다!

에피소드 2

작년 초 방문했던 진도!

반도의 외딴섬까지 추격한 원나라 몽고군에 의해 고려 삼별초는 장렬하게 전멸한다. 백성들은 도륙당하고 여인들은 강간을 피해 연못에 몸을 던졌다. 한반도 역사를 한마디로 말하자면 중국이라는 침략 세력에 대항한 처절한 저항의 역사라고 할 수 있다. 6.25때 30만 중공군 개입으로 지금도 우리는 분단의 비극 속에 서로를 적대시하며 살고 있다.

병자호란으로 짓밟힌 삼천 리 강토[62]!

“마침내 1637년 2월 청나라 군이 철수를 시작했다. 15만 청군이 60여 일 머무는 동안 한성 일대는 물론 청군이 지나간 주변은 어느 곳 하나 성한 곳이 없었다. 한강에는 아이 있는 부녀자를 강간했다가 그 아이들이 울며 귀찮게 군다고 강물에 던져 죽인 아이들의 시체가 강물에 떠다녔다.

청군은 20여만 명의 조선인을 포로로 끌고 갔다. 포로들이 끌려가는 연도(沿道)에는 가족들의 울부짖는 소리가 천지를 뒤덮었다. 13만여 명의 남자들은 노비로, 7만여 명의 여자들은 첩이 되었다. 1638년부터는 ‘속환제도(續還制度)’라 하여 신분과 나이, 건강상태에 따라 50~1500냥의 몸값을 정해 5일마다 한 번씩 포로시장을 열었다. (심양 남변문 시장). 포로가 병들거나 도망가다 붙잡히면 가

---

62) 이하는 박지원의 열하일기 중에서

차 없이 죽였는데, 그냥 죽이는 게 아니라 생체과녁으로 삼아 창을 던지고 활을 쏘아 죽였다. 논과 집 팔아 수천리 먼 길을 가족 찾으러 갔다가 청나라 관리들이 시도 때도 없이 몸값을 부풀려 달라고 해서 돈이 모자라 돌아오는 경우가 비일비재했다."

에피소드 3

나당전쟁!

화랑도를 국가적 차원으로 끌어 올려 키운 것은 신라 진흥왕 때였다. 화랑이 위대한 인물을 배출하는 요람이 되면서 화랑은 삼국통일의 주역이 된다. 즉 통일전쟁에서 임전무퇴와 살신성인 그리고 솔선수범의 자세로 노블레스 오블리주의 전형을 보인다. 계백이 5천 결사대로 마지막 항전을 하던 황산벌 전투 당시! 신라 총사령관 김유신의 동생이자 부사령관 김흠순은 자신의 아들 화랑 반굴을 최전선에 내보내고 장렬하게 전사하는 모습을 지켜본다. 또 한 명의 부사령관 김품일은 16세 소년 화랑 관창을 내보내 관창 역시 전사한다.

화랑 출신인 김유신의 아들 원술! 당나라의 한반도 점령야욕을 분쇄시키기 위한 당나라와의 7년 전쟁 중이던 672.8월, 임진강 부근 석문전투에서 패배한 후 구사일생으로 집에 도착한다.

그러나 김유신은 원술을 대면하지 아니하였다. 김유신 사망 후 어머니 지소부인도 유지를 받들어 아들을 집에 들이지 아니하였다. 675년 원술은 당 이근행의 20만 대군을 매초성 전투에서 대패시키고 비로소 부모로부터 인정받는다. 다음해 기벌포에서 설인귀의 당 해군을 신라가 물리침으로써 당은 완전히 철군하게 된다.

당시 세계최강 당나라를 맞아 7년 간 신라가 싸웠던 전쟁. 지금의 한국이 지금의 중국과 싸워 이긴 셈이다. 이 땅을 지켜내기 위해 중국과 벌였던 최장 시간 그리고 최후의 전면 전쟁이었다. 그때 신라가 패배했으면 이미 7세기에 우리민족과 문화는 멸망했다.

역사를 모르는 것은 차라리 낫다. 엉터리로 아는 것이 가장 최악이다.
"평화를 원한다면 전쟁을 준비하라"
(로마 군사전략가 베게티우스)

신라 삼국통일!

삼국 중 가장 작고 빈약했던 신라가 어떻게 통일의 주역이 되었을까? 우리는 외세를 끌어들여 통일했다는 부정적 인식만 가지고 있다. 과연 그럴까?

신라 지도층의 자기희생과 솔선수범이 핵심적 원인이다. 평민들보다 가장 먼저 전쟁터에 나가고 전선의 가장 앞에서 목숨을 바친 신라의 화랑과 지도층! 지금 우리시대 지도층의 행태와 크게 비교되는 대목이다.

에피소드 4

2008년 5월, 한미 FTA 반대 위해 거짓 광우병 파동으로 100일간 반미시위를 통해 광화문 일대를 해방구로 만들고 MB 정부를 무력화 시켰었다. 이와는 극명하게 대비되었던 한중 FTA는 조용하게 2014년 11월에 실질적으로 합의되었다. 한국전쟁 당시 수만 명의 젊은이가 꽃다운 목숨을 바쳤고 가난한 한국 아이들과 청춘 수십 반명을 입양, 유학시키고 오늘의 경제성장을 지원했던 미국! 사드 배치와 관련한 아직도 계속되는 중국의 소인배적 행태를 보면서 강고한 이 땅의 반미주의가 새삼 놀랍다.

매일 숨도 쉬기 힘든 미세먼지의 원인이 중국이라는 사실은 누구나 안다. 그러나 중국에 말 한마디 못하는 우리의 현실은 명이 멸망한 후에도 만동묘를 세워 소중화를 자처하며 중국을 흠모하다 못해 자신이 중국인이 아니라는 사실을 한탄했던 노론의 괴수 송시열의 반시대적 파멸적 사대주의를 다시금 떠오르게 한다.

"일류와 이류의 차이: 일류는 한 번 했던 실수를 다시 하지 않지만 이류는 되풀이 한다"

지식상의 의화단

‘지식상의 의화단’은 쑨원(孫文) 중국 국민당정부 시절 일본통이던 다이지타오(戴季陶)가 처음 썼다. 그는 자신의 저서 ‘일본론’에서 “일본인은 중국을 수술대에 올려놓고·수천 번 해부하고 시험관에 넣고 수천 번 실험 하지만 우리 중국인은 일본을 그냥 무시한다”고 했다. 그는 국민당의 몰락과 함께 자살했지만 이 표현만은 두고두고 후세를 일깨우고 있다.

총 · 균 · 쇠의 저자 제러드 다이아몬드 교수가 그의 책에서 밝혔듯이 압도적인 중국의 영향 속에 일본은 자신의 문자주권을 포기했지만 한국은 극적으로 한글이라는 독창적 알파벳을 창조한 나라다. 또한 일본인은 남쪽 조몽인과 한반도에서 내려온 도래인 야요이와의 혼혈로 형성된 점에서 한반도의 영향력을 부정할 수는 없다[63].

우리는 참혹한 일제 식민지를 경험하고 나서도 아직까지도 일본을 아무런 근거도 없이 무시하고 있다. 우리가 당당하게 일본에 도전하는 자세는 필요하다. 그 당당함으로 지금까지 버티어 왔다. 그러나 실력이 뒷받침 되지 않는 당당함은 무모함에 불과하다. 고통스러웠던 과거의 역사를 떠 올리게 한다. 따라서 끊임없이 자강하고 우리를 노리는 적들을 철저히 연구해야 한다. 우리에게 제대로 된 일본 연구소가 있는가? 미국? 중국은? 모르면 헛발질할 수밖에 없

---

63) 제러드 다이아 몬드, 총 균 쇠

고 장님상태[64]를 면할 수 없다.

미국이 최근 중국을 압박하는 것은, 그들이 옳고 중국이 틀려서가 아니다. 중국이 강해졌기 때문이다. 1980년대 초 일본이 막강한 제조업 경쟁력으로 미국을 넘으려 할 때 플라자 합의를 통해서 일본에게 강력한 제재를 가하였다. 단 한 번의 조치로 2년여 기간 동안 환율을 무려 거의 90% 가까이 절상했다.[65] 일본이 강해지려고 했기 때문에 미국이 선수를 친 것이다. 중국과 일본은 다시 강해지고 있다. 전 국민이 단합하고 있고 수십 년 만에 다시 등장한 강력한 지도자와 함께….

싫을수록, 이해하기 어려울수록 더 연구하고 파고들어야 할 숙명적인 존재가 중국과 일본이다. 중국과 일본의 실체(實體)에는 눈 감은 채 '지식상의 의화단' 처럼 되어 간다면 우리에게 미래는 없다.

---

64) 눈앞에 있어도 못 보는 상태

65) 미국은 1985년 9.22 뉴욕 플라자 호텔에서 G5 재무장관회의를 소집 엔화와 마르크화 평가 절하를 결정하였다. 1985년 달러당 238엔이던 엔화는 그 이후 1987년 128 엔까지 절상된다., 나무위키

네덜란드인을 바라본 시각이 역사를 바꿨다

뉴욕 타임즈가 세계에서 가장 영향력 있고 유명한 신문이긴 하지만 발행부수로는 일본의 요미우리 신문이 세계 1위이다.

그런데 요미우리신문 사명(社名)과 같은 요미우리의 기원은 놀랍게도 1615년으로 거슬러 올라간다. 도요토미 히데요리의 오사카성이 도쿠가와 이에야스에 의한 최후의 공격으로 멸망하는 이른바 "오사카 여름 전투". 전투상황이 일종의 호외 전단지 형태로 에도(동경) 시민들에게 전해진다. 이러한 호외 전단지가 요미우리라고 불렸다.

세계 10대 신문사에 일본은 다섯 개가(한국에 잘 알려진 산케이는 10위내 순위에 들지 못한다.)있고 1위가 요미우리신문이다. 기사의 깊이와 신뢰도에서도 세계 최고의 수준을 자랑한다.

오사카 여름 전투는 포르투갈과 네델란드의 화포 술을 신속히 받아들인 도쿠가와의 통찰력으로 승부가 결정된다. 사거리와 화력에서 서너 배 차이가 나는 도쿠가와의 대포에서 도요토미는 일방적으로 패하고 결국 멸망한다.

일본(도쿠가와 막부 초기)이 네델란드 난파선과 탑승자들을 극진히 대접하고 그들의 기술과 문명을 철저히 받아들였던 1600년대 초.

비슷한 시기에 조선에 표류한 네델란드인들인 하멜과 14명의 선원들은 조선을 탈출하기 전 10여 년 동안 했던 일이 '잡초 뽑는 일'이었다고 한다.

일본은 1610년 센다이 번주 다테 마사무네가 영국 난파선 승무원 윌리엄을 통해 선진 범선을 제조해서 자력으로 태평양을 건너 쿠바와 스페인까지 대항해 시대를 열게 된다. 이후 윌리엄은 영국인 최초로 봉토를 지급받은 사무라이(일본명 안진)로 죽을 때까지 일본에서 선박제조를 지도하며 살아간다.

뉴욕 맨해튼은 영국이 지배하기 이전에는 네델란드 소유였다. 네델란드가 일본에게는 기술과 문명을 제공해 준 보물 같은 나라였다면 조선에게 네델란드는 잡초 뽑는 일 밖에는 시킬 것이 없는 오랑캐에 불과하였다. 그 차이가 결국 역사를 바꾸게 된다. 뉴욕에서 다시 생각해 보는 일본과 네델란드다.

매너가 성공의 비결, CEO 5백 명의 응답

CEO 500명에게 물었다.

성공의 비결은? 비전, 리더십, 기술, 아이디어, 크리에이티브….

놀랍게도 그들이 성공의 원인 1위로 선택한 것은 "매너"였다. 예절과 교양, 타인에 대한 배려!

내가 테니스를 좋아하는 이유도 그 자체로도 매력이 있지만 관중들의 절제된 매너와 경기장의 품격에 반했기 때문이다. 테니스 경기장을 그라운드라고 하지 않고 코트 (Court)라고 한다. 코트는 궁궐을 의미하고 테니스는 왕실의 운동에서 유래한다. 테니스 경기 중에는 소리를 지르거나 일어서도 안 되고 자리를 움직일 수도 없다. 관객과 선수가 하나가 되어 질서와 매너를 존중하는 가운데 경기가 진행된다. 한 마디로 매너의 스포츠가 테니스다.

우리사회에 실종된 여러 단어들 (존경, 신뢰, 공익 등) 중 하나가 매너가 아닐까? 개인들 간에도 품격과 품위가 다르듯 국가 간에도 격조와 매너의 차이가 있다. 결국 높은 수준의 매너를 지닌 개인이 많은 나라는 국가 차원의 매너와 격조도 높을 수밖에 없다. 미국, 영국, 일본 등 일류국가의 상류층들이 어릴 때부터 매너를 그렇게 중요하게 가르치는 이유이다.

일론 머스크와 스티브 잡스

일론 머스크(Elon Musk)는 애쉬리 밴스의 최신 버전으로 뉴욕에서 읽었고 스티브 잡스(Steve Jobs)는 몇 년 전 한국에서 번역본으로 읽었다.

일론 머스크는 처음에는 마치 우주 공상과학 소설을 읽는 것처럼 충격과 감동의 연속이었다. 스티브 잡스는 처음에는 비행 청소년 같은 그의 이야기가 다소 지루하였고 또한 괴팍한 그의 성격에 공감이 가지 않았다.

10살짜리 일론 머스크는 10시간 독서는 기본, 하루에 책 2권을 한 자리에 앉아서 독서하는 독서 무아지경이 어릴 때의 특징이다. 미국이 세계를 움직인다는 것을 알고 혼자 남아공을 탈출, 캐나다를 거쳐 미국으로 이민 가서 실리콘밸리의 성공신화를 쓴다. 그는 거기서 머물지 않고 LA로 진출한다. 우주를 향한 원대한 실험을 진행한다. 미국이 세계 산업부흥을 주도하는 프로젝트를 실제로 이끈다. 자동차왕 헨리포드와 석유왕 록펠러를 넘어 화성에 인간 식민지를 건설하겠다는 계획을 만들고 실천해 간다. 모든 에너지는 태양광으로 자동차와 우주선을 움직인다는 계획이다. 이미 미국 전역에 전기차를 위한 엄청난 수의 충전소를 구축하고 있다. 모든 자동차 거래는 영업소가 아니라 인터넷으로 이루어지며 오일 교환 등 정비소도 필요가 없다.

Zip2- Paypal -SpaceX - Telsa- Solarcity 창업

71년생. 사업가이며 셀리브리티. 자신 스스로를 10% 플레이보이, 90% 사업가로 평가하지만 내가 보기에는 50%는 플레이보이 같다. 3번 결혼, 3번 이혼, 첫 부인 크리스틴에게서 2~3 쌍동이 다섯 아들을 둔 다둥이 아빠이기도 하다.

일론 머스크, 스티브 잡스 둘 모두 직원들을 무시하는 독선으로 악명 높았다. 자신이 설립한 회사 이사회에서 쫓겨나는 점도 둘 다 똑같다. 그러나 괴팍하고 별난 두 사람은 같은 점보다는 차이점이 훨씬 많다.

우선 학력에서는 아이비리그인 펜실베이니아 대학으로 편입하고 스탠포드 대학원 진학한(이틀 후 중퇴, 사업시작) 일론 머스크에 비해 대학 1학기 중퇴인 스티브 잡스와 차이가 크다. 이미 세상을 떠나서 완료형이 되어버린 스티브 잡스와 아직 진행 중인 일론 머스크라는 점도 큰 차이점이라 할 수 있다. 제품을 만든 목적도 두 사람은 판이하다. 스티브는 세상을 바꾸려고 스마트폰을 만들지 않았다. 편하고 아름다운 제품을 만들고 싶었다. 그것이 세상을 바꾼 것이다.

일론 머스크는 스티브 잡스와 달랐다. 그는 처음부터 세상을 바꾸고 싶다는 야망을 가졌다. 어린 시절 같은 또래들로부터 수년 간 왕따를 당하고 부모의 이혼으로 깊은 상처를 받았다. 그러나 그는 어린 시절 결혼해 다섯 아들을 낳은 전처 크리스틴에게도 가혹하게 대했다.

스티브 잡스도 어린 시절 마약과 히피에 물들었고 동거 시절 낳은 첫 딸 리사를 버리기도 했지만 양부모의 지극한 사랑 속에 원만한 결혼을 하고 끝까지 가정을 지킨 점에서 일론 머스크와는 큰 차이를 보인다. 그는 아내와 세 자녀, 그리고 리사가 지켜보는 가운데 삶을 마감했다. 괴짜라고 할 수 있는 일론 머스크와 스티브 잡스, 괴짜가 지닌 단점보다 장점에 주목하는 실용적 문화. 미국이 만들어 내는 창조의 힘이다.

최저임금과 주 52시간 근무

위 두 가지 사안을 두고 우리사회에 논란이 이어지고 있다. 자유 · 평등 · 박애의 나라 프랑스를 살펴보면, 공무원은 이미 주 35시간 근무이고 지방정부에서는 주 30시간도 꽤 많다. 특히 휴가를 연간 6주 이상 쓰는 곳이 많아 실제 공무원들은 더 여유롭다. 국민들이 이런 공무원들을 못 마땅하게 여겨도 560 만 명에 이르는 공무원들은 노조의 20%를 점한 핵심세력이라 전체파업의 위협으로 국민들은 사실상 대항하기가 어렵다.

이번 달 초[66] 유럽 5개국을 여행하며 느꼈지만 오후 6시, 7시만 되면 슈퍼가 문을 닫고 토, 일요일은 더 일찍 문을 닫거나 또는 문을 열지 않는다. 그래서 열흘 동안 슈퍼 한 번 제대로 못 가봤다. 우리는 최저임금 인상과 주 52시간 근무제 도입으로 나라 경제가 휘청거리고 있다. 최저임금 인상과 주 52시간 도입 자체가 문제가 아니라 임금 인상 폭이 너무 크고 주 52시간 시행이 너무 급격하게 이루어졌기 때문이다. 그렇다면 주 52시간이 아니라 주 35시간을 하고 있는 프랑스는 어떨까?

프랑스는 유럽에서 러시아를 제외하면 국토 면적이 가장 넓을 뿐만 아니라 대부분의 국토가 이용 가능한 평지로 이루어진 축복 받은 나라이기도 하다. 좁은 국토에 온통 산으로 빼곡하고 자원이라고는

66) 2019.3월

사람뿐인 대한민국과는 비교조차 어려운 좋은 자연 여건을 지니고 있다.

그럼에도 프랑스 국토의 1/2에 불과한 영국과 경제규모가 비슷하고 독일 경제규모의 80% 정도에 그치고 있다. 다시 말해 지금보다 훨씬 더 발전할 수 있는 잠재력을 지니고 있으나 그렇지 못하다는 것이다.

그렇다면 우리가 가야할 방향은 무엇인가?

부정적 사고로는 결코 일류가 될 수 없다

지금의 한국은 어떤 이론으로도 설명할 수 없는 21세기 최대의 미스테리임에 분명하다. 몇 년 전 맨해튼 한복판 유명한 중식당에서 종업원들이 다 놀랄 만큼 내가 너무 크게 소리치며 화를 낸 적이 있었다. 내가 뉴욕 출장 왔다고 개인적으로 친분 있던 외교부 고위인사가 저녁을 낸 자리였는데 그 고위직이 너무도 한심한 얘기를 계속해 도저히 참을 수 없어 폭발한 것이었다.

그의 요지는 당시 오바마 대통령 시절. 미국은 망해 가고 있다는 것이었다. 외교관으로 뉴욕에서 근무한다는 것은 모두가 부러워하는데도 그곳에서 한 가지라도 더 미국의 장점을 보고 배워서 우리도 미국 같은 선진국이 될 수 있도록 노력은 하지 않고 여기서도 부정적인 생각만 가득한 그 고위직이 너무 한심하였다.

내 결론은 우리가 지성의 힘이 너무 부족하다는 것이었다. 지성은 사물과 현상을 제대로 볼 수 있게 하는 힘이다. 6~70년대 우리가 극심한 가난 속에 있을 때도 집집마다 책이 있었고 거리에 서점이 즐비했었다. 가난하지만 정신만큼은 당당했고 현실의 가난과 어려움을 미래의 희망으로 바꾸어 가려는 건강함이 가득 했었다. 그 시절은 지성이라는 것이 사회적으로 높은 가치를 인정받았던 시대이기도 했다.

언제부터인가 우리 사회는 건강한 지성은 사라지고 공동체를 파괴 하려는 비비꼬이고 부정적 · 선동적 사이비 지식 장사치들로 가득해지고 말았다. 우리에게 필요한 자세는 글로벌 · 미래 지향적인 것이다.

끊임없는 독서와 토론으로 닫힌 생각을 열고 감정과 주관으로 흐르는 부정적 태도를 긍정으로 바꾸어 나아가야 한다. 부정은 결코 아무것도 만들어 낼 수 없고 파괴만 초래하는 것임을 분명히 인식해야 한다.

이스트 강변의 UN본부

Chapter 3.
뉴욕 인사이드, UN 이야기

아랍장관들과의 토론, 짧지만 긴 여운!

2박 3일의 이라크 일정이 23일처럼 느껴지더니 마침내 도하 경유 뉴욕으로 향하고 있다. 모스크바, 카잔, 아스타나, 타쉬켄트, 호치민, 마닐라, 메리다, 셴천, 지린, 산티아고, 선양, 따렌…. 어디를 가든 늘 뒷골목까지 가보는 내가 처음으로 호텔 밖으로 나갈 수 없었다. 내가 부패방지 국제회의에서 마지막으로 발표한 것은 김영란 법을 열심히 만들던 부패방지국장 시절인 2011년 발리 G20 반부패회의와 2011년 7월 개최되었던 샹하이 세계반부패회의였다.[67] 그 후 7년 만에 부패방지 국제회의에 참석한 것이다.

아랍 18개국 반부패 장관들이 모두 모인 아랍지역 최대 반부패 장관회의답게 이라크 국가수반과 전체 각료들이 참석하는 등 매우 성대하게 이틀간 개최되었다. 나는 이틀간 회의 중 워크샵에서 commentator로 총평, 전체회의에 UNDP를 대표해 발표하게 되어 있어 나름 비중 있는 역할을 맡았다. 워크샵에서는 IT 선진국인 대~한민국의 IT를 통한 반부패 정책을 설득력 있게 설명해 상당한 반응을 얻었다.

그러나 내 발표에 대한 질문은 부패방지 정책과는 관계가 없는 박근혜, 이명박 대통령이 구속되었을 때 '왜 같은 정당이 적극적으로 대응하지 않았느냐였다.' 황당했다.

67) 당시 기율검사위원장 최고 실세인 정법 상무위원 저우융캉 주최, 현재는 시진핑에 의해 부패혐의로 수감중!!권력무상

전체회의는 모든 나라 장관들이 참석하게 되어 있어서 잠도 거의 자지 않고 심혈을 기울여 준비했다. 반부패를 국가정책에 최우선하는 아랍국가에 UN근무를 마친 후 반부패 자문관으로 갈 수도 있지 않을까 하는 기대까지 품었으나 결과는 완전 실망이었다.

질문과 커멘트는 오로지 TI(국제투명성기구)의 반부패지수를 어떻게 높일 수 있는가에 관한 내용뿐이었다. 독재자들은 대외적 평판을 신경 쓴다. 한심하다는 생각과 함께 내가 이런 자들을 위해 6개월 만에 뉴욕에 온 집사람 혼자 두고 16시간 걸려 이라크까지 왔나 하며 후회가 막심하였다.

아랍이 경제는 물론 행정 투명성에 이르기까지 투명한 나라로 한국 수준에 이르려면 100년은 더 걸릴 것 같다는 생각을 했다. 그러나 국가, 문화, 인종은 달라도 언어와 종교(아랍어와 이슬람)로 18개 나라가 하나의 아랍을 주창하며 단결하는 모습은 단순한 호기심을 넘어 위협적이기까지 했다.

공항으로 가는 길에 운전해 준 UN 직원 말은 충격적이었다.

"사담 후세인은 이란 침공 후 이라크 반대파 5 백 만 명 학살하였다. 부모를 뒤에 세우고 자식을 총살하는 만행을 저질렀다. 지금 이라크 국가수반도 완전히 부패한 자이다."

그런 자가 반부패장관회의를 유치하고 개회식에서 소리 높여 반부패를 주장하였다니 기가 막혔다.

티그리스와 유프라테스 강이 흐르는 오아시스 같은 바그다드, 바빌론 앗씨리아와 메소포타미아 문명의 발상지! 8~9세기 당나라 장안, 동로마제국 콘스탄티노플과 함께 인구 200만 바그다드는 세계 3대 도시(신라 경주는 인구 100만으로 당시 세계 5대 도시)였다.

사담 축출 이후 15년 동안 거의 매일 폭탄이 터진다는 이라크. 공항 비즈니스라운지는 우리나라 시골 시외버스 정류장 수준이었다. 지도자에 의해 온 나라가 피바다와 잿더미가 된 나라. 석유와 비옥한 땅, 교통의 요지 등 좋은 자연 조건도 잘못된 지도자를 만나면 한 순간에 재앙이 될 수 있음을 이라크가 증명하고 있었다.

사담 후세인은 군사 쿠테타가 아닌 선거에 의해 집권했다. 히틀러처럼 합법적 민주주의를 가장하여 민주주의가 지닌 한계를 또 한 번 절감하였다.

UNDP 출장과 산처럼 쌓이는 이메일

한국은 엄청난 더위로 모두 힘들겠지만 난 여기서 혼자서 모든 일을 다 해야 해서 힘들다. 이번 달 출장이 한꺼번에 몰려 지난 한 주 거의 매일 밤새고 주말에도 혼자서 UNDP 10층을 밤새 지켰다. 보고서 Talking Point 만드는 것은 영어가 좀 딸리는 것뿐 문제가 안 된다. 문제는 행정 처리이다.

짧든 길든 비행기 일정 한 번 확정하는 데 평균 30번 정도 이메일을 주고받는다. 출발과 도착이 여럿인 복수여정이면 그 두 배는 기본이다. 대면보고는 없는 대신 Jargon으로 통칭 되는 UN의 내부 행정절차 용어들이 또한 넘어야 할 산이다. 10개월 넘어도 모르는 행정용어가 너무 많다.

출장 한 번에 이메일 100번 정도는 보통이다. 그래서 메일 쓰는 것이 출장의 60%이다. 출장 갈 날짜, 장소만 결정해 주면 똘똘한 사무관과 비서가 다해 주는 한국은 신의 나라이다.

45가 UN부근에 내가 밤을 새면서 개발한 델리가 있다. 아침을 안 먹는 나로서도 거의 매일 밤을 새우니 아침에 너무 기력이 없어 할 수 없이 먹을 것을 찾아 나섰다. 인도 출신 캐시어, 에콰도르 출신 세프가 하는 가게를 발견했다.

일단 가격이 환상적이다. 맥도날드 가격보다 싼값에 신선한 샌드위치가 5.5 ~ 6.5$, 라지커피가 3$! 더욱 놀라운 것은 24시간 365일 영업! 아침 7시에 일주일 내내 갔더니 이젠 나를 알아본다. 오늘은 유창한 한국어 존대말로 "안녕히 가세요"라고 한다.

그제는 어떤 미국인이 내 페이퍼를 보더니 유창한 한국말로 인사했다. 목요일 출장 가는 솔로몬 제도는 한글을 공용알파벳으로 사용하고 있다. 300개 정도의 발음이 가능한 영어 알파벳에 비해 한글은 8,700개 소리조합이 가능하다고 한다.

한글의 독자성, 우수성을 강조하기보다는 실용성과 편리성을 널리 알릴 필요가 있다. 상품이 좋으면 어느 나라에 관계없이 그 물건을 사게 된다. 정겹고 소박한 온갖 감정을 표현할 수 있는 한글이 더 많은 나라 사람들에게 도움이 되길 바란다.

슬로우 슬로우, FIJI 타임

뉴욕 존 에프 케네디 공항(JFK)는 터미널이 모두 여섯 개다.[68] 목요일 AA(American Airline)를 타게 되어 드디어 여섯 개 터미널 모두 다 이용했다.

이번 달에 장거리 출장이 두 개, 단거리 한 개 그래서 합이 셋이라 부지런히 세계에서 가장 복잡한 공항인 JFK를 가야한다. 공항 가는 길에 택시 운전사가 네팔인이었는데 한국말을 하길래 신기해 얘길 해 봤더니 자기는 네팔 스님으로 1997년 한국에 승무 공연하러 갔었는데 4개월 동안 거의 전국을 다 다녔다고 했다. 한국을 격하게 좋아한다는 말에 팁을 2배로 줄 수밖에 없었다.

JFK는 시설이 전반적으로 낡고 오래되었지만 터미널8은 최근에 지었는지 그나마 나았다. 낡은 다른 터미널 라운지에 비해 직원도 많고 뭔가 좀 다른 듯하여 약간 기분이 좋았다. 그것도 잠시…. 완전 역전 KO패 당했다. 칩 부스러기밖에 없는 다른 JFK터미널과 달리 Wrap이 먹음직스러워 한 개 집으려 했더니 직원이 자리로 가져다 준다고 한다. 웬일로 미국 라운지가 이리 친절할까 감탄하며 순간적으로 여기가 뉴욕이라는 사실을 망각했다.

잠시 후 만면에 웃음 가득한 얼굴로 내 나이 또래 아줌마가 3명은

68) 1,2,4,5,7,8의 6개다. 대한항공은 터미널 1, 아시아나 항공은 터미널 4를 사용한다.

먹을 수 있을 것 같은 엄청난 샌드위치를 한 접시 들고 오며 11달러 크레딧 카드만 된다고 계산서를 함께 들고 왔다. 앗불싸! 배도 안 고픈데 공짜인 줄 알고 시켰는데…. 라운지 내에서도 장사하는 뉴욕 JFK이다.

보딩 후 8시간 걸려 도착한 SFO(샌프란시스코)공항 AA라운지는 학습효과를 발휘해서 돈 안 받는 냉수 한 잔과 화장실만 이용했다.

SFO에서 11시간 걸려 도착한 피지공항. 분위기가 완전 다르다. Slow Island FIJI 라고 온통 공항에 써있다. 피지타임은 피지 항공 탈 때부터 나오더니 공항에 내리니 온통 피지타임 도배다! 그러나 작은 섬나라가 초토화 될 수 있어서인지 농수식품 검역은 엄청나게 철저하다.

한마디로 천천히 더 천천히! 다들 표정이 밝고 푸근하다 폴리네시아 남방 특유의 친절함 따듯함이 가득하다.

또 여기서 7시간 트랜짓을 해야했다.

작은 나라의 작은 공항이라 라운지도 전혀 기대하지 않고 지친 몸을 이끌고 들어갔다. 새벽 6시 인데도 24시간 오픈하는지 직원들이 엄청 많다. 음식도 엄청나고 웬만한 건 다 직원이 가져다준다.

뉴욕에서 당했던 기억이 생생해 음식을 가져다주겠다고 하길래 공짜냐고 물었더니 무슨 말인지 못 알아듣는 것 같았다. 초특급 완전 무료 서비스다.

그러나 세상일은 모두 양면성이 있다. 뉴욕 공항라운지는 일단 먹을 게 없고 또 돈을 받으니 먹는 것보다는 랩탑 켜고 작업하거나 조는 사람들이 많았다. 카타르나 피지, 방콕처럼 먹을 게 푸짐한 공항은 필요 이상으로 많이 먹게 된다. 그래도 피지공항 라운지는 너무 편하고 좋다.

화려하고 크진 않지만 일하는 사람들이 여유가 있고 다들 즐거워 보여 좋다. 몸은 너무 고달프지만 최종 목적지 솔로몬제도도 궁금하다.

FIJI TIME!
우리처럼 각박한 삶에 수입할 목록이 아닐까?

남태평양의 러브콜! 빛나는 코리아!

오늘 반부패 발표를 했다. 어제 두 번에 걸친 사전 미팅에서 날 초대한 주최 측에서 이미 깊은 감동을 받았는지 솔로몬제도 총리실 관계자는 나를 띄우느라 애를 쓰는 모습이 역력했다. 각 부처 고위 공직자들을 한 명이라도 더 내 발표를 들을 수 있도록 홍보하는 모습을 보니 다소 부담스럽기까지 했다. 나와 함께 초청받아 참석했던 UNDP 뉴기니 사무소 직원도 내 발표의 반응에 사뭇 긴장하는 모습이었다. 뭔가 강력한 메시지를 기대하고 있었다.

8시 30분에 국가수반인 총리 인사말이 예정되어 있었으나 8시 20분까지 나를 포함한 UN관계자 외 단 한 명의 현지 공직자들도 나타나지 않았다.

나는 등록이 시작되는 8시 정각에 도착했지만 결국 사람들이 늦게 도착해서 9시 30분이 되어서야 시작할 수 있었다. 피지타임이다.

항상 반복되는 얘기들과 해결책 없는 문제점 지적으로 끝나는 컨퍼런스, 워크샵에 지친 사람들답게 사회자의 장황한 내 소개에도 불구하고 참석한 현지 공직자들 모두 표정들이 없었다. 공무원 대상 강의는 죽음이라는 것이 한국만 해당되는 것은 아님을 누구보다 잘 알고 있는 나로서는 정공법으로 나가기로 했다.

기선제압 · 관심집중을 위한 초강경 오프닝 방식이다.

“대부분의 컨퍼런스가 지루한 설명으로 끝나지만 아주 예외적인 경우가 드물게 있는데 오늘이 바로 그 날이다. 당신들은 제대로 잘 왔다.” 이어서 바로 내 스타일의 초강공 기선 제압이 이어졌다.

“내가 조직의 장이라면 나는 6개월 이내 부패문제를 해결할 수 있다.” (다들 반신반의 하며 집중하기 시작) 조직 내 청렴 · 유능한 사람 스무 명은 부패, 무능한 일 천 명 보다 수백 배 효과적이다. 부패하거나 무능한 공무원 50%를 청렴도 평가결과에 따라 자른다. 아웃소싱으로 얼마든지 조직은 운영되며 조직은 훨씬 청렴해지고 유능해질 수 있다.” 이 말 이후 상황은 사실상 종료되었다. 이하 진행된 3시간 여 워크샵은 더 말할 필요도 없었다. 덕분에 내일도 하루 종일 시달리고 남태평양 또 다른 나라에서 날 초청하고 싶다고 한다.

오늘 하루 종일 숨도 쉬기 어려운 열대 날씨 속에 문득 우리 아버지, 선배들이 떠올랐다.

솔로몬제도를 포함한 남태평양 군도들! 작은 인구에 자원은 풍부하다. 겨울이 없어 얼어 죽을 걱정도 없다. 그러나 대부분 게으르고 너무 많이 먹어 몸들이 비대하다. 비즈니스는 이미 중국인들에게 다 뺏기고 자기 땅에서 허드렛일들만 하며 정부에 대한 원망만 가득하다. 정부 또한 부패하고 무능하고 의지가 없다. 인프라는 거의 제로 상태. 밤에는 너무 어두워 길을 걸을 수가 없을 정도이다. 도로는 보수를 하지 않아서 수십 군데 깊은 구멍이 나있고 공항은 북한의 지방공항 수준이었다. 호텔도 심각한 수준이다. 그러나 가격, 물가는 거의 뉴욕 수준이다.

50~60년대, 극심한 가난과 공산주의 침략 위험에서도 우리 아버지, 선배들은 굶주린 배를 움켜쥐고 지친 몸을 한 시도 쉬게 하지 않았다. 일자리가 없었고 개간할 수 있는 땅이 없었을 뿐 그들에게 포기란 단어는 없었다.

지금보다 나은 미래를 향해서 기적을 일구어 내었다.

천연자원도, 풍성한 열대과일도, 아름다운 산호초 바다도 없었지만 오직 불타는 의지 · 의욕만으로 가득했다.

이곳 사람들에게서는 우리 선배 · 아버지들이 가졌던 빛나는 눈빛과 의지가 보이지 않는다. 천천히 여유로운 삶이 그 자체로 의미는 지닐 수 있다. 그러나 발전은 역시 불가능해 보였다.

먼지구덩이 속에서 느끼는 여유가 과연 진정한 삶의 여유일 수 있을까 하는 강한 의문이 들었다. 자랑스런 우리 아버지 · 선배들이 유난히 더 자랑스럽게 느껴진 하루였다.

인프라 대국! 대~한민국

솔로몬제도 수도 호니아라의 도로는 놀랍게도 단 한 개다. 유일한 대로인 만다나 애브뉴. 그러나 신호등도 횡단보도도 없다. 영국 식민지여서 운전방식은 우리와 반대였다. 인도와 찻길의 구분도 거의 없고 주도로를 벗어나면 비포장 진흙탕이다.

통신 인프라는 절망적이다. 수도 호니아라의 인터넷(보통 200MB 수준) 보급률은 30%이고 전국은 10% 수준이다.

차가 있어도 길이 없으니 못 다니고 삼성 갤럭시 최신형도 여기서는 무용지물에 불과하다. 이런 상태일수록 정부기관은 엄청나다. 수십 개의 정부부처가 난립하고 있다. 나라 전체가 부패 자체인 상태인데 부패방지위원회를 새로이 설립해야 한다고 해서 날 부른 것이다. 새로 만드는 부패방지위원회법도 엄청나다. 직권조사·수사는 물론 기소도 가능하다. 무소불위다. 여기에 어제 내가 결정타를 날렸다. 수사권한과 권력에만 집착한다면 국민들은 부패가능성이 매우 높고 거의 100% 부패발생 확률을 지닌 또 하나의 부패한 경찰 또는 검찰을 가지게 될 뿐이다.

작동 안 되는 정부기관 인프라는 엄청나지만 정작 국민에게 필요한 도로, 철도, 항만, 공항, 지하철, 대학, 학교, 도서관, 공원, 박물관 같은 공공건물과 인터넷망 등 절실하게 필요한 인프라가 없는 것이

후진국의 공통점이다.

중국이 한국에서 가장 열심히 배운 것이 인프라 구축이다. 모택동 집권 30년 동안 인프라 구축은 도외시하고 공리공론으로 보낸 결과 세계의 최빈국으로 몰락한 중국. 같은 시간 세계의 최빈국 한국은 60년 초반부터 엄청난 반대와 비난 여론에도 불구하고 경부 고속도로, 항만, 철도, 지하철, 공항, 고속철도, 세계 최고 수준 인터넷망 등 미래를 향해 엄청난 인프라를 지속적으로 구축했다. 그 결과가 오늘의 자유민주주의 경제대국 대한민국이다. 한국보다 앞섰던 남미, 아시아, 동유럽 국가들이 몰락한 것은 인프라 구축보다 사회주의 이념에 빠져 분배와 복지를 우선한 결과다.

그러나 그들의 분배 · 평등주의는 정치, 경제, 행정 등 사회 전반에 엄청난 부패만을 양산하고 처참한 실패로 귀결되었다. 인프라의 상징인 도로를 수십만km 건설한 로마는 천년 넘게 존속했으나 벽(만리장성)을 쌓기 시작한 진나라는 30년 만에 멸망했다.

한국이 60~80년대 인프라 건설을 안 했다면 지금의 대한민국은 분명히 없다.

솔로몬 제도 최고 자문관

천혜의 아름다움과 온 국민이 영어를 구사하는 글로벌 파워를 지니고 있음에도 극심한 가난과 열악한 삶에 허덕이고 있는 솔로몬 제도! 아프리카, 중동, 중남미, 남동유럽, 서남아시아 모든 후진국이 겪고 있는 모든 문제가 집약된 곳이다. 호텔에서 공항으로 오는 길에 운전해 준 호텔직원과 짧은 대화를 하는 중 나는 갑자기 이 나라의 수상이 되어 버렸다. 내가 5일간 머무르며 보고 느낀 것들을 얘기했더니 "단 5일 만에 자신들의 40년 숙원을 간파한 당신 같은 지도자를 원한다며" 다짜고짜 다시 여기로 오라는 것이다. 그것도 매우 구체적으로, 자기는 여기에 정치 세력이 있고 내년이 총선거라 충분히 지원이 가능하다는 것이었다.

내가 말했던 요지는 '국민들은 정부 공무원과 국회의원이 자기들끼리 매우 바쁘게 움직이는 것을 원하지 않는다. 입만 열면 자동 녹음기처럼 반복되는 국민을 위한다는 그들의 얘기도 신물이 난다.' 였다.

공항과 연결도로를 확충하고 통신망을 구축하고 모든 건물과 호텔 등 리모델링해서 작지만 아름다운 솔로몬제도를 만들 수 있다. 모두가 다시 오고 싶어 하는 아름다운 섬으로 만들 수 있다. 국민이 원하는 것은 평등과 정의가 넘치는 말로만의 지상낙원이 아니라 자신들의 삶을 더 낫게 해주는 구체적인 실천이다. 내년 선거는 무조건 한 살이라도 젊은 사람을 당선시켜라. 어차피 지금 의원 모두는 부패하다. 조금이라도 부패에 덜 물든 사람이 필요하다.

경제를 움직이는 중국인은 누구보다 정확히 이곳 정부의 속내를 읽고 있다. 현지인들의 돈으로 수십 년간 부를 축적하고 있으면서도 그들은 자신이 소유하고 있는 건물, 상가, 호텔의 리모델링과 시설개선을 하지 않는다. 도심은 슬럼으로 악화된다. 이유는 간단하다 뇌물로 정부요로를 이미 입막음했기 때문이다.

올바른 지도자라면 일정 기간 내 시설개선 명령을 내리고 불이행하면 재산을 압수하고 국외 추방시킨다. 대충 이런 얘기였었다. 그 사람이 워낙 흥분하는 바람에 나도 약간 흥분되어 당신들이 부르면 다시 오겠다고 했는데 공항에 도착하고 나서는 후회스러웠다. 유일하게 한국인이 소유하고 있는 K몰 상가는 비교적 최신 시설은 갖춘 건물이라 감옥 · 수용소를 연상시키는 인근 중국인 건물에 비해 돋보이고 한국에 대한 긍정적인 이미지를 높인다. 돈만 챙겨가고 아무런 재투자를 하지 않는 중국인에 대한 원망은 고스란히 정부로 향한다. 요즘 제주도 중국인 토지 소유문제로 여러 얘기가 나온다. 글로벌 경제에서 외국인 투자를 무조건 막을 수는 없다.

그러나 우리가 아무것도 가지지 못했던 60년대. 박정희 대통령은 중국인들의 건물 토지 소유를 원천 불허했다. 솔로몬 제도에서 중국인들의 행태를 보고나니 박정희의 혜안에 다시금 감탄이 나온다. 지금 여기 사람들이 간절히 원하고 바라는 지도자는 경제를 발전시켜주는 지도자이다. 우리는 지금의 시각으로 과거를 읽고 재단한다.

그러나 지구상 150개가 넘는 나라들은 우리가 잊고 있는 우리의 과거를 자신들도 가질 수 있기를 간절히 바라고 있다. 우리는 우리의 발전상을 토대로 얼마든지 우리의 도움이 필요한 개도국들로 진출할 수 있다. 물론 영어를 구사할 수 있어야 한다. 위아래 할 것 없이 유창한 영어를 구사하는 솔로몬제도 사람들이 가여우면서도 엄청 부럽다.

1그램의 경험이 1톤의 이론보다 강하다

카리브 연안 국가 감사원장 회의

예상대로 저명한 외국 전문가, 카리브 연안 국가 감사원장들과 자마이카 고위직들이 총출동해서 회의장을 가득 채우고 있었다.

함께 참석한 미국의 저명한 Risk Management(위기관리) 전문가의 말에 깊이 공감했다. “30년 전과 오늘 하는 얘기들이 놀랄 만큼 같다.”는 그의 짧은 말 한마디가 그동안의 국제 컨퍼런스 성과를 압축해 주었다. 늘 같은 얘기만 반복되고 구체적인 해결책이 제시되지 않는 국제 컨퍼런스의 한계를 집약하는 말이었다.

단 한 명의 아시아 출신인 나는 오전 8:15부터 한 번의 발표와 또 한 번의 패널토론에 참석했다. 협박과 진심을 섞어 폭소클럽 방불케 발표를 했다(자마이카 등 카리브사람들은 놀랄 만큼 잘 웃는다.). 곧 자마이카에 다시 올 것 같은 느낌이 들었다. UNDP 관계자가 반부패 회의에 꼭 부르고 싶다고 했다.

수많은 메시지를 쏟아 부었다. 비록 그들이 얼마나 받아들일 수 있을지는 알 수 없었지만!

“부패는 그들의 문제가 아니라 바로 우리들의 문제이고 너의 문제가 아니라 나의 문제임을 인식해야만 한다. 바로 지금 이 자리에서부터 시작해야 한다. 국민은 당신이 더 큰 권한조직을 원하는 것에 관심 없다. 오직 결과·성과·개선을 원할 뿐이다." 물론 협박도 했다. "자마이카 수상이 내게 한 기관을 맡기면 6개월 내 청렴조직으로 만들수 있다. 부패공직자 50%를 즉각 파면한다." 틈틈히 대~한민국 성공 스토리를 낮은 톤이지만 자랑스럽게 언급했다. 직전 출장지였던 솔로몬 제도에 비해 참석자 면면이 대단하고 발표자, 사회자 모두가 뛰어난 유머감각을지녔고 유창한 영어를 구사하고 있었다.

"1그램의 경험이 1톤의 이론보다 설득력을 지닌다"는 평소 내 지론이 빛을 발했던 하루였다. 엄청난 경험과 스토리를 만들어준 내 조국 대한민국에 감사하고 싶다.

UN의 최전선 라이베이라 11박13일

아~ 라이베리아!

“라이베리아는 UN의 최전선입니다”라는 말을 대충 듣고 도착해 출장예정 기간인 11일이 모두 지났다. 바그다드, 솔로몬 아일랜드, 자마이카도 갔었는데….

그러나 여기는 거기와 또 다르다. 역시 여기는 극한의 땅이다. 전 세계 어디에나 반드시 살고 있는 중국인들조차 라이베리아에는 살지 않는다고 한다. 모든 것이 파괴되고 잿더미만 남아있던 희망이 보이지 않던 6.25 직후의 한국이 오버랩 되었다. 14년 간 이어진 파멸적 내전이 초래한 결과이다. 내전 중 마약에 취한 10대 소년병들이 닥치는 대로 강간 · 살해를 자행해서 인구의 3%가 내전기간 중에 강간으로 인한 출산이라고 한다. 길거리에 나서면 바로 현지인들이 따라붙는다. 그들에게는 내가 생존을 위한 털이 대상일 뿐이다. 외국인 투자가 안 되는 것도 강도 천지인 치안 부재가 원인이다. 호텔 100m 앞에 있는 해변에도 나갈 수 없다. 대낮에 잠깐 거리를 걷는 데도 뒤통수가 당기고 머리털이 곤두선다. 기본 식량조차 생산이 안 되고 주식인 쌀조차도 없다. 농업기반 붕괴로 과일 · 야채조차 수입해야하는 상황이라고 한다. 최저생활도 보장 안 되는 아프리카 국가들이 많지만 그중에서도 여기는 최악이다. 11일 간의 라이베리아 출장 동안 열 개도 넘는 기관들을 방문해 기관장들을 만나고 강력한 메시지를 전달하고 내부미팅을 하고 지쳐가는 체력을 느끼면서 최선을 다했다. 종합 보고를 앞두고 많은 생각이 교차한다. 잿더미 속에서 오직 강인한 정신력과 끝없는 노력으로 일구어 낸 대한민국의 기적을 그들에게 전수하며 내가 가장 강조한 것은 우수한 공직자들의 뜨거운 열정과 애국심이 오늘 대한민국 번영의 초석이 되었다는 점이었다.

피를 토하는 내 뜨거운 메시지에 일단 공감하면서도 자신들은 너무나 다르다는 반응을 보이는 이곳 공직자들의 무력감과 패배주의가 너무나 깊다. 나도 여기서는 제대로 먹지를 못해 너무 힘들다. 한국 음식이 전혀 없는 것이 문제였다. 며칠은 참을 수 있지만 일주일 넘어가니 매우 힘들었다. 8개 기관 간부 공무원 대상 반부패 집중 트레이닝에 이어 라이베리아 부패방지위원회 직원들을 대상으로 방문 특강을 실시했다. 출국하는 마지막 날에도 UN직원들을 대상으로 특강을 실시했다. 얼마나 열심히들 경청 · 질문하던지 나는 거의 순직 직전이었다. 컵라면 하나 먹고 오후 세션 준비했다. 여기는 아프리카에서 유일하게 미국의 영향을 받아 남녀노소 모두 영어를 자유롭게 구사한다. 그래서 질문과 커멘트가 많다. 그러나 그들이 하는 대부분의 영어는 영어라기보다 아프리카 부족 언어 같아서 액센트도 강조도 없었다. 전혀 못 알아들어서 통역이 늘 필요하였다. 영어를 영어로 설명하는 진풍경이 연출되었다.

조달청장은 내 강의를 UN총회 전 세계 대통령들 앞에서 했으면 좋겠다고 하더니 부패방지위원회 직원들은 반드시 자기 나라 대통령과 내각에서 해야 한다고 하였다. 어떤 자는 내가 영감을 불어 넣는 교회 목사 같다고 했다. 패배주의가 짙게 드리워져 있고 희망이 보이지 않는 나라의 공무원들에게 맨주먹으로 만들어 낸 한국의·경험담이 오히려 더 큰 좌절을 줄 수도 있다는 생각이 들었다. 그러나 얘기하면 할수록 대한민국은 기적의 나라라는 확신이 생겼다. 그래서 강의 끝까지 한국이 어떻게 해서 극심한 빈곤을 극복하고 성공할 수 있었는가를 설명했다. 또 다시 대한민국 삼성, 현대, LG가 너무 자랑스럽다.

아프리카를 장악한 중국 파워

내가 목격했던 라이베리아 유일한 건축공사가 정부합동청사 신축이다. 꽤 웅장한 규모다. 시공업체는 중국이다. 놀라운 사실은 공사장 인부, 시멘트를 비롯한 각종 건축자재는 물론 심지어 함바 식자재(공사식당)조차 모조리 중국에서 가져오고 공사장의 인부들조차도 중국인들로 채운다는 점이다. 물론 중국에서 라이베리아 측에 입막음 위한 엄청난 뇌물이 제공되었을 것이다.

알리바바 마윈이 재산을 포기하고 중국인 인터폴 총재가 사라지고….내가 라이베리아 반부패 특강할 때 참석했던 중국 경찰출신 UN직원의 모습이 눈에 선하다. 마치 중국은 부패와 관계없는 듯한 초연한 모습이었다. 반부패를 위해 국제협력이 필요하고 서로 노력해야 된다는 등 한바탕 설교를 한다. 마치 공자가 말하듯이 당당한 모습이다. 중국은 마치 부패가 존재하지 않는 나라처럼 그들은 연기에 능숙하다. 연기가 아니라 어쩌면 협박과 공갈에 더 능하다. 중국이라는 나라의 실체를 제대로 알아야 우리의 미래를 제대로 그려 갈 수 있다.

서글픈 현실은 미국과 중국을 G2라고 부르는 지구상 유일한 나라가 한국이다. 그러나 우리가 사는 현실 세계에 G2는 없다.

세상에는 미국과 수많은 나라가 있고 중국은 그 수많은 나라 중에서도 인류의 보편적 가치와 선을 추구하는 측면에서 볼 때 폭력과 강압에서 쌍벽을 이루는 러시아와 어깨를 나란히 한다. 수 천 년간 칡 넝쿨이 조여 오듯이 우리를 괴롭혀 온 나라, 6.25에 대규모 중공군을 투입해 통일 직전에 분단의 비극을 야기시킨 나라가 바로 중국이다.

지금의 대한민국은 19세기 말 존재도 가치도 없던 중국의 속국 조선이 아니다. BTS 공연을 보기 위해 전 세계 팬들이 뉴욕 시티필드 운동장에서 텐트를 치고 기다리고 전 세계 어디를 가나 코리아라는 말에 다들 환호한다. 150개 중진국, 개도국에게 살아있는 롤 모델이며 꿈의 나라이다. 극빈과 부패속에서도 세계 7위(인구 5천만 이상, 1인당 소득 3만$ 이상)로 올라선 기적의 나라이다. UN 창설 이래 원조를 받던 나라가 원조하는 나라가 된 최초의 나라이다.

우리 스스로가 당당함과 자존을 지키지 못하고 과거 비루한 조선의 사대주의적 굴종의 잔재를 유지하는 것은 우리 자신뿐만 아니라 수많은 나라에게도 크나큰 비극일 뿐이다.

한국의 성공은 이론이 아니라 실제다

"Korea is not a theory but a reality itself in the history of economics." "How could the extremely poorest country like Korea rise out of poverty and corruption to become one of the most prosperous countries in the world? "

"The first contry which became a donor country from a recipient country since international aid started."

방콕 ESCAP UN 빌딩에 위치한 회의장. UNDP 반부패 5차 이사회에서의 내 발표의 일부분이다. 약 30분간 발표에서 큰 공감을 불러 일으켰다. 그러나 가장 감동받은 것은 발표자였던 나 자신이었다. 새벽 4시에 일어나 발표 원고를 보고 또 보고, 2002년과 2004년에 2개의 국제회의를 창설[69]하고 국제회의에서 수십 번 발표했었지만 어제는 매우 흥분되었다.

늘 서툰 영어가 스트레스를 주지만 사실 영어는 문제가 안 된다. 참석자들의 관심은 내용과 발표의 진정성에 있기 때문이다. 한국이 후진국의 희망이라는 말은 많이들 하지만 그 원인과 이유를 설득력 있게 외국인들에게 논리적으로 전개하기는 쉽지 않다.

과거를 부정하는 데 익숙한 우리사회는 대한민국이 발전한 원인을 객관적, 실증적 자료에 입각해 살피기보다는 개인의 주관적 감상

69) APEC 반부패워킹그룹, ACA Forum: 부패방지기구 장관회의

에 근거한 부정적인 주장과 의견만 가득하다. 수많은 자료 검토와 외국의 사례를 참고하여 4가지 원인으로 한국의 발전 원인을 정리 · 발표했다.

언젠가 한국에서도 발표할 기회가 있을 것이다. 어제의 발표를 시작으로 개도국을 대상으로 한국이 왜 극심한 가난과 부패에서 세계 7위의 경제대국(인구 5천만 이상, 3만$ 이상)이 될 수 있었는가를 전파할 것이다. 지금도 많은 한국인이 자신의 나라가 성공했다는 사실을 인정하지 않는다. 이런 서글픈 사실이 가슴 아프다.

물 흐르듯 매끄러운 카타르의 에피소드

카타르 도하에 아침 6시에 도착했다. 이른 아침인데도 엄청난 사람들로 공항이 가득하다. 중국인들이 없어서인지 시끄럽지는 않다.

환승하는 데 지난번 모스크바에서 거의 1시간 걸린 검색대 통과가 도하에서는 단 3분 만에 끝났다. 환승 승객수가 모스크바보다 10배나 많은 도하가 이런 경쟁력을 갖추고 있는 이유는 기내와 공항에서도 쉽게 느낄 수 있었다.

카타르 항공은 미모의 아랍여인들은 없었다. 그런데 내가 델타나 UA를 탔었나 싶을 정도로 승무원들의 영어가 탁월했다. 영어가 거의 무용지물(눈치로 움직여야 한다)인 모스크바와는 달랐다. 도하 공항 검색대와 라운지의 모든 직원들도 친절하고 영어를 완벽하게 구사한다. 카타르는 1인당 GDP가 세계 탑 10인 나라중 하나라고 한다. 독재와 여성 인권유린이 횡횡하는 아랍 시골 국가라고 생각하면 큰일 난다.

처음 타보는 카타르 항공의 훌륭한 서비스에 감탄하다가 이륙직후 지갑이 의자 뒤로 빠져서 큰 낭패를 겪었다. 12시간 비행하는 동안 승무원들이 바닥에 뒤로 눕다시피 하며 내 지갑을 빼내려다 그중 한 명은 손등에 심한 긁힘이 생기기도 했다. 비행기에서 발표자료 읽으면서 한편으로는 지갑 걱정하느라 거의 잠을 못 자서 비몽사

몽 했지만 착륙 직후 기장까지 내 자리에 와서 지갑을 찾을 때까지 지켜주었다. 카타르 항공이 왜 세계 최상위에 늘 오르게 되는지 이해가 되었다.

콜롬비아 리포트

우리국토 면적의 11배, 석유와 지하자원이 풍부, 인구는 우리와 비슷하다. 연중기온은 9~16도이고 모기, 파리, 거미도 없는 나라다. 프리미엄 베스트 커피가 1달러 주면 한통 가득 채워주는 나라, 콜롬비아다.

우리는 대부분 잊고 있지만 6.25 전쟁 때 5,100명의 전투병을 파병했다. 이름도 모르는 나라를 위해 163명 꽃다운 젊은이를 희생한 중남미 유일의 6.25 참전국 콜롬비아다. 공항에 내리자마자 모든 택시가 현대 · 기아차였다. 새로운 사실도 아니지만 삼성, LG가 온통 공항을 도배하고 있다.

우리에게는 있지만 이 나라에 없는 것은 우리가 가진 세계적인 글로벌 대기업이다. 반대로 우리에겐 없지만 이 나라에 있는 것은 우리 글로벌 대기업에 대한 상상하기 힘든 부러움이다. 땅이 넓고 인구와 자원이 많은 나라가 일류국가가 아니라 글로벌 대기업이 많은 나라가 일류국가이다. 오늘도 하루 종일 대한민국 발전 목이 쉬도록 전파했지만 온통 대기업 목조르기에 올인하는 듯한 국내 현실을 보면서 착잡하고 피곤하다.

삼성동 코엑스 야경

Chapter 4.
서울 재디자인

들어가는 글

"명소가 없는 서울, 스토리가 부족한 서울 그리고 어두운 도시, 서울"

700년을 향해 가고 있는 우리 서울의 현재 모습이다.

서울은 화려함을 멈추었다. 서울의 색깔이 사라졌다. 한강과 시청 앞 그리고 거리들 모두 전반적으로 어둡다. 어떤 곳은 침침하기까지 하다. 어떤 외국인이 서울은 전력이 부족해서 어두운가 하고 질문을 했다고도 한다. 지난 10년간 서울은 발전을 멈춘 도시가 되었다. 그 기간 동안 경쟁 도시들은 눈부신 발전을 계속했다. 동경은 고층 건물과 롯본기 힐이 더욱 아름다워졌다. 뉴욕 맨해튼 서쪽 옛 철도 부지였던 허드슨 야드는 세계에서 가장 hot place가 되었다.

700년에 육박하는 역사를 지닌 대한민국 수도 서울, 놀랍게도 이런 서울이 세계에 당당하게 내세울 수 있는 명소가 없다. 한국인은 물론 외국인들도 알고 있는 서울에 관한 재미있거나 유명한 스토리도 없다. 믿기 어렵겠지만 사실이다. 명소가 없고 스토리가 없다는 것은 실제로 없는 것이 아니라 우리가 모르고 있는 것뿐이다. 700년의 역사는 셀 수도 없을 만큼의 스토리 그 자체이기 때문이다. 그래서 지금부터 우리가 할 일이 많은 것이다. 진정으로 서울을 제대로 알리는 일이다. 한국은 물론 전 세계를 향해서….

단 한가지 부족한 것은 오직 상상력이다

시청 앞 광장에서 케이블카를 탄다. 서울은 세계의 다른 대도시, 수도들과는 달리 도시를 둘러싼 수려한 산들이 있고 또한 도시를 가로지르는 아름다운 한강이 있다. 서울에는 전 세계의 다른 도시들에 없는 두 가지의 케이블카가 있다. 서울 케이블카는 바로 이런 천혜의 자연적 아름다움을 인간 친화적으로 설계한 서울만의 독창적인 작품이다. 그래서 수많은 국내외 사람들이 케이블카를 타기 위해서 서울에 온다. 케이블카는 누구나 만들 수 있다.

그러나 아름다운 자연과 인간이 빚어낸 최고의 도시를 동시에 볼 수 있는 조건을 가진 곳은 찾기가 어렵다. 1호선은 강북 스카이 라인이다. 시청 앞 광장에서 출발한다. 시청 앞 광장은 예전에는 일 년 내내 시위와 집회로 모든 사람들이 눈살을 찌푸리던 악명 높은 장소였다. 그러나 지금은 서울의 명소가 되었다. 라인 1은 남산으로 올라간다. 짧지만 서울 원 도심을 한 눈에 다 들여다 볼 수 있다.

명동, 충무로와 남산 일대, 용산 일부도 들어오고 멀리는 청량리까지 보인다. 2호 라인은 북쪽으로 향한다. 청와대가 눈에 들어오고 서울의 고색창연한 모든 궁궐이 양쪽으로 보인다. 왼쪽으로는 덕수궁, 오른쪽은 경복궁, 창덕궁, 창경궁도 보인다. 서울의 역사가 한눈에 펼쳐진다. 관광객들은 탄성을 지른다. 야경을 즐길 수 있는 야간 케이블카는 가격이 더 비싸다. 더 화려하고 아름답기 때문이다.

특히, 꽃들이 절정을 이루는 5월에는 서울의 궁궐들은 그 자체로 예술이며, 작품이다. 케이블카는 작품들 속에서 예술과 하나가 된다. 그래서 서울 케이블카는 세계적으로 유명하다. 2호선 한강라인은 여의도 방향과 압구정동 고수부지로 간다. 1호선 남산라인에서 연결되어 한강으로 가로지르는 한강라인은 산과 강, 건물과 거리를 아우르는 입체적 관광의 극치를 보여준다. 한강라인을 탑승하려면 최소 3개월전 예약은 필수이다. 중국, 일본을 비롯하여 멀리 유럽에서도 한강 케이블카를 타보려는 사람들로 늘 만원이다. 서울을 검색하면 제일 먼저 나타나는 것이 한강 케이블카이다. 서울의 명소 한강 케이블카다.

남산 케이블카 모습

한강을 살아 움직이게 하다

12차선, 16차선에 이르는 큰 도로는 모스크바, 북경, 평양 등 공산 독재 국가들에서 볼 수 있다. 서울의 광화문대로와 강남 대로를 2차선씩만 떼어내어 작은 운하를 만든다. 탄천에서 테헤란 로를 따라서 작은 물길이 이어진다. 물길은 강남역을 휘돌아서 압구정, 청담동을 거쳐 다시 한강으로 나간다.

강북 물길도 이어진다. 성동 나루터에서 청계천으로 들어온 물길은 광화문 나루터에서 마포에서 거슬러 올라온 물길과 합류한다. 뉴욕, 동경, 코펜하겐, 런던, 파리에 이은 뒤늦은 수상도시로의 합류지만 서울도 이제 본격적으로 수상도시에 걸맞게 각종 보트와 선착장 설계, 제작 그리고 수상 도시를 운영할 수 있는 여러 종류의 직업 훈련을 준비한다. 1인승부터 100인승까지의 각종 보트를 운행, 정비하는 사람들, 안전요원을 위한 일자리 수천 개가 새로 생겨난다.

물길 옆에 새롭게 조성되는 다양한 도심 노천카페와 식당, 공연장도 수만 명의 일자리를 만들어 낸다. 공해를 유발하지 않는 친환경 일자리이다. 도시는 새로운 생동감으로 가득 찬다. 한강과 연결된 작은 물길은 단순히 관광용만으로 그 기능이 제한되지 않는다. 2천만 명에 가까운 서울, 경기도의 유동인구를 지하철, 택시와 버스 등 육상 운송 수단으로만 감당하는 것은 한계에 이르렀다. 한강과 이어진 샛강 물길과 수십 군데 한강 나루터가 새롭게 만들어진다. 그 물길을 따라 움직이는 하루 수백 편의 크고 작은 한강 페리는 서울, 분당, 여의도 시민의 새로운 발이 된다.

한강 페리를 타고 출퇴근하며 볼 수 있는 한강변 경치, 특히 야경은 한강 페리가 선사하는 값비싼 보너스다.

한강의 야경

서울의 색을 되찾아야 한다

선과 색은 우리 민족의 전통적 아름다움이다. 지붕과 건물들의 멋들어진 선과 더불어 한복의 화려함은 우리 전통 색감의 뛰어남을 보여준다. 밤에도 색감을 잃지 않는 오색등은 화려함의 또 다른 이름이다. 그러나 서울의 밤은 어둡다. 서울은 색을 잃어버린지 오래 되었다. 청사초롱 화려한 색상도, 한지의 은은한 빛깔도 없다.

반면에 뉴욕의 밤은 아름답다. 뉴욕을 상징하는 뉴욕의 색깔이 있기 때문이다. 건물들은 아름다움을 위해 밤에도 조명을 끄지 않는다. 전기를 사용하는 비용보다도 전기를 끔으로써 잃게 되는 도시의 아름다움이 수천 배 더 비싼 비용임을 뉴욕은 알고 있다. 불행하게도 서울은 이런 철학이 없다. 단견이다. 마치 전기가 부족한 평양처럼 어둡다.

찬란한 우리의 색깔을 서울에서 다시 살려내어야 한다. 화려함과 은은함, 당당함과 겸손함을 조화시켜 우리만의 아름다움으로 승화해 낸 색깔들을 입혀야 한다. 700년 서울의 고색창연함을 우리의 색깔에 담아내자. 서울이 아름다울 수 있도록 서울의 야경을 새롭게 만들어 내야한다. 세계적인 서울 아트스쿨도 만들어야 할 것이다. 서울을 재창조할 수 있는 힘은 바로 한국인의 가장 큰 장점인 교육의 우수함에서 비롯되기 때문이다. 뉴욕 메트로폴리탄 미술관, 음악의 중심 링컨센터는 낮보다 밤이 오히려 더 빛난다. 조명의 도시 뉴욕의 힘을 느낄 수 있다. 단순히 미술관, 오페라 하우스로 지어진 건물이지만 조명과 결합하면 완전히 다른 느낌으로 다가온다. 여기에 역사와 스토리까지 겸비한다면 조명의 힘은 더욱 커질 것이다. 서울이 지닌 역사의 무게를 조명에 담아 보자. 색깔을 다시 찾은 서울은 밤에도 아름답게 빛난다.

남산타워와 하늘로 떠오르는 연등

스토리가 넘치는 서울

뉴욕은 역사가 서울의 1/2에 불과하지만 거리마다 건물마다 온갖 스토리로 넘친다. 스토리 자체도 많지만 그 보다는 뉴욕 사람들에 의해 만들어지고 보존되어온 이야기들이 더 많다. 그래서 뉴욕은 젊은 도시지만 오히려 서울보다 더 고색창연하게 느껴진다. 아무리 사람들이 이야기를 많이 만든다 하더라도 300여년 도시와 600년 넘는 도시와는 이야기의 양과 질에서 차이가 날 수밖에 없다.

그런데 놀라운 것은 700년을 바라보는 서울, 그것도 말할 수 없는 고초와 아픔을 겪어내고 세계적인 대도시로 자리매김한 서울에 모두가 알고 있고 공감할 수 있는 스토리를 찾아보기가 힘들다.

세계적인 인물 삼봉 정도전이 요동을 도모하며 병사들을 훈련하던 훈련터는 어디이며, 세종이 한글을 만들기 위해 밤낮으로 연구하던 집현전은 어떤 모습이던가? 동방의 대학자 퇴계 이황의 한양 거처, 임진왜란을 승리로 이끈 위대한 영의정 서애 유성룡이 이순신과 권율을 발탁했던 역사의 현장은 어디인가?

우리가 잊고 있는 역사의 모습들을 복원해야 한다. 디즈니, 해리포터 등도 모두 자신들의 역사 속에서 아이디어를 얻어 낸 것이다. 침략과 억압 속에 실낱 같이 이어져온 우리 역사, 비록 슬프지만 그것을 극복하고 오늘의 기적을 이룬 위대함이 그 슬픔 속에 감추어져 있음을 잊어서는 안 된다. 모진 억압과 고통 속에 오늘을 만들었기에 우리 역사는 그 어떤 역사보다도 깊이 있는 내용과 이야기들로 넘쳐난다. 이제 그런 우리의 역사를 서울 곳곳에 자랑스럽게 복원해야 한다. 그래서 그 이야기를 우리 모두가 늘 듣고 노래 부르게 해야 한다. 스토리가 있는 도시, 서울은 이야기로 거리와 골목과 건물마다 넘쳐나는 국제적인 도시로 나아갈 수 있을 것이다.

실용으로 서울을 채우자

뉴욕을 위대하게 만든 근본정신은 실용과 합리성에 있다. 내가 뉴욕을 가장 좋아하는 이유는 뉴욕은 솔직한 도시이기 때문이다. 위선이 별로 보이지 않는 도시이기 때문이다. 당당함과 자연스러움, 뉴욕은 거추장스러운 포장으로 속살을 가리지 않는다. 바탕에는 실용과 실질이 있다. 뉴욕에는 착한 기부, 착한 임대, 착한 상점 같은 것은 없다. 구호와 선동은 대부분 거짓이다. 대신 할 수 있는 것들을 제대로 한다. 그것이 실용과 실질이다.

냄새나고 더럽지만 24시간 움직이는 뉴욕의 지하철은 빈곤한 자들에게 돈은 직접 주지는 않지만 그들에게 일할 수 있는 방법을 제공한다. 센트럴파크 공원 주변은 세계 최고 부자들이 가득하지만 노숙자, 걸인, 가난한 자들을 결코 배척하지 않는다. 찬란한 5월 센트럴파크의 햇살은 부자이든 가난한 자이든 모두 함께 누릴 수 있다.

뉴욕이 가난한 자들에게도 친근한 것은 맨해튼 곳곳이 공원, 도서관, 벤치 등이기 때문이다. 서울도 시민 모두가 충분히 즐길 수 있는 도시로 만들 수 있다. 부자들은 돈을 쓰게 하고 그 돈의 일부를 여러 사람을 위한 공공용으로 사용하면 된다. 도서관, 미술관, 공연장 건립 및 운용예산을 모두 서울시 예산으로 할 필요가 있을까? 모금과 기부를 받아 기부자의 이름으로 가능하게 해야 한다. 우리에게 필요한 것은 훌륭한 예술을 볼 수 있고 할 수 있는 공간이 서울시에 많아지는 것이다. 미술관, 공연장의 운영주체가 공공기관이냐 개인이냐는 중요하지 않다.

동숭동 방송통신대학은 굳이 거기 위치하지 않아도 좋을 것이다. 한 뼘의 땅도 소중한 서울시에서 그 땅을 더 중요하고 필요한 용도로 사용해야 한다. 서울시민에게 절대적으로 부족한 종합 예술 공간을 신축하면 수많은 사람들에게 기쁨과 희망이 될 것이다. 예술 공간은 접근성이 좋아야한다. 지하철역, 버스들이 바로 그 앞에 있어야 한다. 과천 국립미술관, 서초동 예술의 전당 등은 일반 서민들이 다니기에는 쉽지 않은 곳들이다. 실용의 정신이 필요하다.

압구정동에 초고층 아파트를 짓게 하고 일정액의 도시 발전기금을 조성하게 한다. 부자들은 돈을 더 쓰게 하고 그들이 쓴 돈의 일부를 가난한 사람들을 위해 쓰는 방식이다. 오래된 구도심을 재개발하고 오래된 아파트는 재건축하게 해서 도시를 살아나게 한다. 뉴욕, 동경, 런던 등 세계 일류도시들이 다 그렇게 한 것이다. 서울만 그동안 할 수 없었던 것뿐이다. 말도 안 되는 온갖 이유를 붙여서 말이다.

세상의 원리는 어디나 동일하다. 잘 하는 것을 더 잘하게 하는 것이다. 개발자들은 열심히 개발을 하고 집짓는 사람들은 열심히 집을 짓고 그 속에서 일자리를 찾는 사람들은 모두 열심히 나름대로 일을 하게한다. 도시는 모두가 서로 연결된 곳이다. 활력과 가능성을 불러일으킨다면 모두가 다 잘 살 수 있는 곳이 도시이다.

서울은 온갖 규제와 반대로 아무것도 할 수 없는 반신불수 기형적인 도시로 변해 버렸다. 이제 그런 족쇄들을 풀어내어야 한다. 거짓과 위선적인 구호들은 다 걷어내고 솔직하고 담백한 서울로 돌아가야 한다. 그것은 모두가 편하고 살기 좋은 서울을 만드는 것이다. 안되는 것보다는 되는 것이 많아야 한다. 규제는 최소화하고 자유롭게 각자가 자신의 역량을 발휘하는 도시로 변모해야 한다. 각자의 능력이 발휘될 수 있다면 명품 도시로 재탄생 할 수 있다. 그 바탕에는 실용정신이 있어야한다. 명분, 이념이 아니라 실질과 실용 정신이 필요하다. 서울이 필요한 모든 것을 뉴욕이 말해주고 있다. 뉴욕을 보면 서울이 보이는 이유이다.

정책제안

지하철 24시간 운행

돈을 주는 것은 하책이고 일 할 수 있는 기회와 여건을 만들어 주는 것이 상책이다. 맨해튼의 수많은 일자리들은 퀸즈와 부르클린, 브롱스에서 밤늦게라도 지하철이 연결되어 있기 때문에 저소득 노동자들이 안심하고 일할 수 있다. 서울시에서도 경기도와 함께 지하철 24시간 운행을 검토할 필요가 있다. 심야 일자리가 늘어나고 저소득층에게 자활 기회가 될 것이다. 또한 심야 택시 잡기가 힘든 시민들의 고충 해결에도 많은 도움이 될 것이다.

4대문 안을 걷는 공간으로 재구성

4대문 안, 강북으로 들어오는 모든 차량에는 지금 보다 서너 배 높은 혼잡세를 징수함으로써 서울 강북 도심 진입을 원천적으로 막는다. 광화문 종로 삼청동 등 서울 원도심은 차량 없는 도시 상태를 최대한 유지해야 원래의 아름다움을 지켜낼 수 있다. 도보로 서울의 멋과 아름다움, 그리고 맛을 느끼도록 할 필요가 있다. 걸어 다니는 서울 원 도심은 700년 서울의 역사를 체험하고 느끼게 할 것이다.

서울시 소유 주요부지 전략적 활용

동숭동에 세계적 아트센터, 도서관 건립 및 서초동 서울시 인재개발원 부지를 글로벌 협력센터로 추진할 필요가 있다.

방송통신대를 이전하고 그 부지에 세계적인 아티스트를 키워 낼 수 있는 국제적인 아트센터를 조성한다. K POP 등 한류 공연장 등 상설무대를 만든다. 또한 인근에 시립도서관, 뮤지엄 등을 조성해 서울시민을 위한 예술 공원으로 조성한다. 지하철, 버스 등이 근처에 있어서 접근성도 좋고 특히 문화시설이 낙후된 동대문 부근의 새로운 도시 활력을 제공할 수 있을 것이다. 수서역을 비롯 대규모 지하철 환승부지는 예술성과 편리성을 겸비한 첨단 IT 시립도서관을 짓는다. 지하는 주차장으로 활용하면 될 것이다.

한편, 서울에 있는 수백 개에 달하는 동사무소를 비롯한 공공건물들을 예술성과 기능성을 살려 리모델링 한다면 서울의 새로운 공간으로 탄생할 수 있을 것이다.

글을 마치며

끝이 보이고는 있지만 2년 가까이 지속되고 있는 코로나로 많은 사람들이 지쳐가고 있다. 피곤하고 지쳐가는 2021년이지만 활기차고 매력 넘치던 뉴욕을 생각하며 힘을 얻는다. 이 글을 보는 분들도 나와 같이 힘을 얻기를 바란다.

"뉴욕이라는 단어만 들어도 설레인다" 내가 아는 어떤 분의 이야기이다. 뉴욕에 관한 글을 쓰는 동안 나 자신도 설레임을 느끼게 하는 도시, 뉴욕이다.

그런데 "뉴욕은 서울에 비하면 참으로 초라하다!" 세계 최고의 도시 뉴욕인데 이게 무슨 말이냐 하는 분들이 많을 것이다. 그러나 사실이다. 적어도 300년 전까지는 그랬다.

맨해튼은 늪지대였다. 사람이 살 수 있는 곳이 아니었다. 매립을 하고 땅을 다지고 또 다지고 그렇게 해서 사람이 살기 시작했다. 뉴욕은 황량했다. 웅장한 북한산, 수려한 수락산도 없고 도심을 굽이쳐 흐르는 한강 같은 유려한 강도 없다. 맨해튼을 흐르는 이스트 리버는 강이 아니라 바다이고 유속이 너무 빨라 사람이 물에 들어갈 수조차 없다. 허드슨 강은 도시와는 멀리 떨어져 있고 너무 깊다.

천혜의 조건은 서울이 뉴욕보다 압도적이다. 불행하게도 우리는 그것을 모르고 있을 뿐이다. 제대로 서울의 가치를 살리지 못하고 있는 것이다. 인간이 만들어 낸 도시의 극치가 뉴욕이라면 서울은 자연이 빚어 낸 천혜의 도시이다. 자연이 선사했던 우위를 서울은 지키지 못했다. 왜 그럴까? 이유를 알아야 한다. 그래야 발전이 가능하다.

도시를 만들어 가는 것은 결국 사람이다. 사람의 안목과 역량에 따라 도시는 재창조된다. 서울은 서울의 가치를 알아보지 못하는 자들에 의해 그 빛을 잃어 가고 있다. 지금 서울은 뉴욕과는 많은 면에서 차이가 크다. 무엇보다도 서울과 뉴욕을 찾는 사람들, 관광객 수에 있어 비교가 안 된다. 무엇이 수많은 사람들로 하여금 1 년 내내 뉴욕을 찾게 만들까? 서울은 뉴욕에 비해 무엇이 부족한 걸까?

뉴욕, 맨해튼을 걸어 다닐 때는 감탄과 탄성이 나온 반면 서울 도심을 걸어보면 짜증과 한숨이 나온 적이 많았다.

그러나 결코 불가능하지는 않다.

뉴욕만큼 사람들이 몰려오게 될 서울을 상상해 본다.

세 가지만 이루어 낸다면 서울은 결코 뉴욕에 밀리지 않는다.

한강을 살아 움직이게 한다.

생명력이 넘치는 한강을 만든다. 맨해튼을 사이에 둔 두 개의 강, 허드슨, 이스트 강들은 24시간 움직이고 있다. 에너지와 활력이 넘친다. 출퇴근은 물론 관광, 레저 모든 것이 뉴욕의 강들에서는 이루어진다. 한강은 조용하다. 잠자고 있는 침묵의 강. 한강도 이제는 다시 살려내야 한다. 한국인다운 역동적인 강으로! 한강만 쳐다봐도 삶에 대한 뜨거운 열정이 솟아나게 만들어야 한다.

서울의 색깔을 되찾는다.

조명은 도시의 아름다움과 격조를 만들어 낸다.

삼봉 정도전이 기획했던 수도 한양(서울)의 전각들과 대문들은 찬란했다. 성곽과 궁궐을 둘러싼 색들도 낮과 밤 모두 색색의 화려함과 찬란함으로 가득하였다. 청사초롱 형형색색 알록달록했던 서울의 색깔을 이제 다시 입혀보자.

뉴욕의 빛깔은 오색찬란하다. 브로드웨이부터 이스트 강변의 UN 본부까지….

뉴욕은 야경이 너무나 아름답다. 이스트 강에서 허드슨 강에서, 바라보는 뉴욕의 야경은 그야말로 디자인과 아트의 극치이다. 그러나 한강에서 바라보는 서울의 야경은 어떠한가? 한강이 살아난다면 한강에서 바라보는 서울 야경의 아름다움과 함께 남산, 북한산에서 내려다보는 다양한 색깔들의 어울림 또한 국내외 수많은 사람들을 사로잡게 될 것이다. 서울을 세계 최고 수준으로 다시 디자인해야 하는 이유이다.

강남대로와 광화문에 거북선과 돛단배가 떠다닌다.

주변은 공연장이 되고 노천카페가 된다. 일자리는 마구마구 생겨날 것이다. 차만 다니는 황량한 16차선 18차선 도로를 조금만 들어내고 배가 다니는 물길을 만드는 것이다. 칠색 연등으로 조명을 밝히고, 1인승과 4인승 10인승 20인승 100인승 배들이 다니는 마포나루터를 다시 만든다. 물길이 마포를 통해 광화문에서 청계천으로 연결되어 왕십리 중랑천으로 흘러나간다. 또한 분당에서 이어지는 탄천의 물길은 압구정을 통해 강남대로를 돌아 다시 나온다.

뉴욕을 떠나 온 지도 어느새 1년 6개월이 지났다. 바이러스로 인해 모든 것이 변했다. 뉴욕도 내가 살던 시절 모습과는 근본적으로 달라졌을 것이다. 수많은 종류의 음식과 식당들이 즐비한 맨해튼, 바이러스로 인해 그 많던 웨이터와 웨이트리스들이 직장을 잃었다. 지금 그들은 대부분 식당 배달원이 되어 예전의 수입을 되찾아가고 있다고 한다. 각양각색의 헬맷을 쓰고 오토바이와 자전거로 맨해튼 구석구석을 누비고 다닐 그들의 모습이 떠오른다.

변화와 창조의 도시 뉴욕!

코로나 사태 이후 뉴욕이 어떻게 달라질지가 사실 궁금하다. 뉴욕은 변화와 창조가 멈추지 않는 늘 살아 움직이는 도시이기 때문이다.

700년을 향하고 있는 우리 서울!

이제는 세계 10위권 대한민국 국력에 걸맞게 세계와 호흡하고 변화를 수용하는 개방되고 창조적인 도시로 발전해 나가야 한다.

그 시작은 서울 재디자인이다. 자동차와 건물 중심의 도시구조를 사람과 공원, 차보다는 걷는 게 편한 도시구조로 바꾸고 시위와 집회로 얼룩졌던 광장, 큰 도로를 줄여 시민의 공간으로 돌려 주어야 한다.

그래서 사람들이 사랑하는 서울, 사람들이 몰려오는 서울을 만들어 보자.

서울 파이팅!

New york

이민주 화백(1957년생)

20대 한국미술협회 부이사장, 대한민국미술대전 운영위원 및 심사위원 역임,
서울대학교, 동국대학교, 고려대학교, 경희대학교 및 대학원에서 강사 및 겸임교수 역임.
현재 한국 인도 현대작가교류회 회장, 삼심아트 대표

이민주는 서울대학교와 동 대학원 졸업 후 버몬트 스튜디오(미국), 창동스튜디오(한국), 스탠드스튜디오(네덜란드)입주작가로 활동했으며 광주비엔나레, 전남수묵비엔나레, 전남수묵 프레비엔나레(한국), 상하이 국제미술제(중국, 상하이)전남 수묵비엔나레 홍보전(중국, 상하이), 청도비엔나레(중국, 청도), 방글라데쉬비엔나레(방글라데쉬),세계종이비엔나레(독일 뒤렌, 덴마크 알보르그, 일본 동경), 브리그놀 국제 현대미술제(프랑스),상하이 홍챠오미술관초대2인전, 관산월미술관초대전(심천, 중국), 쌀롱꽁빠레종, 쌀롱 그랑에젠도쥬르뒤 외 국립현대미술관,서울시립미술관, 성곡미술관, 금호미술관 초대전에 참가하며 한국의 미를 알려오고 있다.(서울 갤러리 현대, 요셉보이스의 출생지인 독일 크레펠드 그라이펜호르스트성 갤러리,중국 상하이 샹지앙갤러리, 미국 워싱턴 맥린 MK갤러리, 스페인 마드리드 국립대학 갤러리 등에서 55회의 개인전과 오대륙에서 600여회의 단체전에 참가했다.

한국예술발전상, 서울미술작가상(한국)테일러미술상(프랑스), 국제선명전상(일본), 프린맨 얼터닛츠그랜트(미국) 등 다수의 수상을 하였으며 한국 국립현대미술관, 국립현대미술관 미술은행, 경기도미술관, 월전 미술관, 박수근미술관, 고려대학교미술관, 서울대학교미술관, 서울대학교 치과대학박물관, 삼성엔지니어링, 평창 인터컨티넨탈호텔, 평창 알펜샤리조트, 서초동 외교안보센터, 스위스 BBInternational art gmbh, (재)제네바 유엔대표부, 미국, 스페인 등에 작품이 소장되어 있다.

생명의 공명 2011년

달빛속 영광2017년

생명의 공명 2013년

〈이민주 화백의 뉴욕 스케치〉

김의환의
뉴욕에서 600일

지은이 김의환
펴낸이 이성환
디자인 이윤진

펴낸곳 이안에_디프넷
주 소 경기도 고양시 일산동구 호수로 672 대우메종리브르 309호
전 화 031-905-2188
팩 스 0303-3440-2116
이메일 book@difnet.co.kr

초판 1쇄 인쇄 2021년 11월 03일
초판 1쇄 발행 2021년 11월 10일

ISBN 978-89-94574-56-1
등록번호 제 2002-000040 호

* 책 가격은 뒤표지에 있습니다.